東西学術研究所研究叢書第４号
近世近代日中文化交渉（日中移動伝播）研究班

近世近代日中文化交渉の諸相

井上克人　編著

関西大学東西学術研究所

はじめに

主幹　井上克人

本書は、関西大学東西学術研究所「近世近代日中文化交渉（日中移動伝播）研究班」の平成二十五年度から平成二十七年度に渉る三箇年の各研究員および非常勤研究員、準研究員の研究成果を収載した論文集である。各論文の紹介に先立って、まず当研究班が開設された経緯について簡単に触れておきたい。

関西大学文化交渉学教育研究拠点（Institute for Cultural Interaction Studies: ICIS）は、平成十九年度採択の文部科学省グローバルCOEプログラム（人文学分野）の遂行組織として同年十月に設立された。爾来五年間、本拠点は「東アジア文化交渉学の教育研究拠点形成─周縁アプローチによる新たな東アジア文化像の創出─」を研究テーマとして活動を続けてきた。このグローバルCOEプログラムとしての拠点の活動は、平成二十四年三月をもって一旦完了したが、その継続的発展を支える研究組織の一つとして、関西大学東西学術研究所に「文化交渉学研究拠点」が置かれ、同研究所の恒常的研究活動としての体制が取られた。そのプロジェクトの一つが「近世近代日中文化交渉（日中移動伝播）研究班」の開設であり、「物質文化の環流と継承から見た東アジア諸国の広域文化交渉」を主たるテーマとして掲げ、具体的には次のような視座に立って研究活動の更なる展開を担っている。

東アジア圏では、近世から近代にかけて、人とそれに媒介される〈もの〉や情報の移動・伝播が加速度的に拡大する。当研究班は、東アジア圏のうちとくに日本と中国の二国間における近世近代の文化交渉の様態にひとまず研究の対象を限定し、どのような〈もの〉や情報がどのような人々によってどのようなプロセスを経て伝播したのか、さらに伝播した〈もの〉や情報がいかなる文化的影響を引き起こしたのかに注目して、文化事象相互の比較研究を行うことを目的としてきた。もとより対象となりうる事象が膨大かつ広汎であることは言を俟たないが、当研究班では、各研究員の専門分野に立脚しながら、近世近代における東アジア圏の文化交渉の俯瞰図の一部を構築することをめざしてきた。

さて、本書は、書名にあるように、近世近代における日本と中国の文化交渉をテーマにしたものだが、これを三つの部門に分類した。

まず第一部は、近世の日中文化交渉の実態についての実証的研究だが、巻頭を飾る松浦論文は、近世の東アジア海域を航行する中国船の宗教文化について論述したものである。海洋を航行する船人にとっては航海の安全を祈願するのは当然であり、加護を願うのは「舟神」である。本論文は明末および清代以降において東アジア海域を航行した中国船の「舟神」祭祀について、貴重な史料に基づいて、実証的に論究したものである。

第二部は、とくに「言説」および「文章」に関わる論稿を集めた。「東アジア史」をめぐる言説について論究した藤田論文、宮崎市定と『大東亜史概説』との関連について述べた呂論文、そして最後に明治期における桐城派文章論の影響を論じた陶論文の三つである。

まず藤田論文は、二十一世紀に入って「東アジア共同体」という言葉がメディアに頻繁に表れてくるが、そもそも「東アジア」が何を指すのかは、この語を使用する人々によって様々であり、いまだ定まっていないことに着目する。そして「東アジア」という地域設定、とくに歴史研究の枠組みで理解される「東アジア史」について日本の歴史学がどのような「言説」を残してきたかを振り返り、それの整理を試みたのがこの論稿である。

次の呂論文は、一国史の枠組みを超えた世界史の視野で中国史を把握した碩学、宮崎市定が、後の『大東亜史概説』の編纂事業にどのように関与していき、自らの思想転換をしたか、その軌跡を追った考察である。宮崎の世界史構想の基本的な枠組みが提出されたのは、一九四〇年前後だが、このような構想の枠組みと後の『大東亜史概説』の内容とを比較してみると、両者の類似点が少なくない。『大東亜史概説』の編纂に携わった経験は、その後の宮崎の世界史・アジア史への構想の細部に渉る考えを体系化させたと言える、と指摘する。

最後の陶論文は、明治期における清国文人や駐日外交官との文化交渉を扱った論稿である。徳川期の漢学の伝統を受け継いだ明治期の漢学者たちは、宋明時代の学問に対する深い学識を持ち合わせ、やがて中日外交官をはじめとする清国の文人学者との交流が増えてゆき、清朝の学問にも研究の情熱を傾けるようになる。その「桐城派」の文章論が明治期の日本漢文学界に与えた影響について論じたものが、この論文である。

次に第三部だが、ここではとくに東アジア文化圏における「画像表現」について論究した諸論稿を集めた。

まず辜論文は、青木正児の画業とその南画認識について論じたものである。明治初期に来日したフェノロサが狩野派の絵画に傾倒し、文人画を日本美術の枠組みから排除したことによって南画は急速に衰えたが、やがて南画を日中両国の絵画の精粋と見なす風潮が現われ、大正期には文人画の再評価の機運が高まってきた。こうした文人画の流れを踏まえて、青木正児が清代初期の画家金冬心の書画に心酔した原因を追いつつ、青木と同時代に生きた画家橋本関雪の著作『石濤』と青木による『石濤』研究を比較した意欲的な論考である。

次は「冷泉為恭筆《稚児普賢菩薩像》試論」と銘打った日並論文である。冷泉為恭は、江戸時代後期に活動した復古大和絵の絵師である。漢画系の印象が強い狩野派を出自としながら、王朝時代への憧れを動機として、やまと絵の古画模写を通じ、その復興を志した。本論文は、大陸から伝来した仏画が和様化されることに注目し、為恭が復古の対象としていた平安・鎌倉時代の古画と、彼が描いた和製童子形の文殊菩薩や春日明神との繋がりを繙くことで、稚児普賢像の伝統と文化的背景を明らかにしている。さらに、図像分析によって、本図生成までの流れをなぞり、為恭の創意に関して論証を試みた論考である。

最後を飾るのは、東アジアの肖像画を代表するものとして、渡辺崋山筆《佐藤一斎像》について論じた中谷論文である。十九世紀に至るまでの東アジアの肖像画は、西洋近代の肖像画とはかなり異質であった。十九世紀前半の日本の絵画には、部分的に西洋の技法も導入されて近代化しているものの、やはり東アジアの肖像画の特質が色濃く残されている。本論文では、崋山の《佐藤一斎像》を採り上げ、西洋近代の肖像画との相違を深く究明した論考である。

さて、最後の第四部は、日中文化交渉という枠組みからは少しはずれるが、西洋とは異なる東アジア文化圏に独特の〈もの〉観、〈自然〉観を、比較思想的に論究してみたものである。〈もの〉や〈自然〉をどう捉えるかというその把握の流儀は、とりもなおさず、ひとつの「文化」である。古代ギリシア以来、西洋的思考のもとでは、〈もの〉は認識主観にとって対象的に捉えられるものであった。それが更に近代化によってもたらされた科学技術の時代になると、〈もの〉は効率性によって見られ、〈用材〉と化していく。東アジアも西欧近代化の潮流に影響されながら、〈もの〉観は、深い所では、そうした西洋的な仕方では捉えられない特質をもっている。本稿では、〈自然〉に対する見方の東西比較をも踏まえながら、東アジア文化圏における独自の〈もの〉観、自然観を探っていく。

以上であるが、当研究班は、上記の課題を更に一層深く発展させるべく、研究を継続的に引き継いでおり（平成二十八～三十年度）、そうした意味では、本書はいわば研究の中間報告と見なされてよいと思う。しかし、中間報告とは言え、今回このような纏まったかたちで刊行するに至ったが、その間、研究所事務グループの奈須智子氏には、いろいろと煩瑣な業務や細やかなご配慮をいただいた。改めて心より感謝の意を表したい。

平成二十九年三月吉日

関西大学東西学術研究所研究叢書
近世近代日中文化交渉（日中移動伝播）研究班

近世近代日中文化交渉の諸相

目次

Ⅲ　近世近代の東アジア文化圏における〈画像表現〉をめぐって

Ⅳ　総　論

Ⅰ　近世東アジアにおける宗教文化

江戸時代長崎来航の唐船と菩薩揚

松浦　章

一　緒言

海洋を航行する船人にとって航海の安全は欠くことの出来ないことは、洋の東西を問わず最大の関心事であった。まして海難に遭遇すれば、命の安全を第一に願うのは神の御加護であったことも確かである。そのような東アジア海域の事例に清・紀曉嵐の『閲微草堂筆記』巻十九、「灤陽續錄」一に、次のような記述が見られる。

舟人云、來迎天使、理或然歟、既而颶風四起、舟幾覆沒、忽有小鳥數十、環繞檣竿。舟人喜躍稱　天后來拯。風果頓止、遂得泊澎湖、聖人在上、百神效職不誣也。(1)

海難に遭遇した人々が、海上で大いに揺れる船の上で加護を願うのは舟神であった。当時の人々も同様で、舟神である天后に航海の無事を願い、その救済を求めたことが知られるのである。

それでは、中国帆船にはどのような舟神が祀られていたかとなるとその詳細はほとんど不明である。しかし、明末の張燮の萬暦戊午（四十六年、一六一八）序の『東西洋考』巻九、舟師考、祭祀に「舟神不知創自何年、然舶人皆祀之[2]」と、少なくとも明末には、船人すなわち船舶関係者の間では「舟神」、船神を祭祀しており、彼等が搭乗する船舶内でも舟神を祭祀していたであろう。

清代以降になると、海難に遭遇した中国帆船の漂着地の国々で事情を調べた記録が、さいわいに幾つか残されている。その記録から、船内で祭祀されていた舟神が知られる。

それらの記録を手掛かりとして、海上を航行した中国帆船にはどのような舟神が祀られ、その舟神をどのように祭祀していたかについて検討してみたい。

二　清代帆船における船内祭祀の「舟神」

清代の沿海帆船が海難に遭遇して琉球諸島に漂着した記録が、琉球王国の記録である『歴代寶案』に見える。清代帆船の漂着に関する記録に、船内に積載されていた貨物やその他に日常の品々もあり、その一部に船内において祭祀されていた舟神の例が知られる。それを表示したのが次の表一である。

表一　18－19世紀における清代帆船琉球漂着の船内祭祀事例(3)

年　月（西　暦）	船籍	船戸名	乗員数	祭祀神名	出典『歴代寶案』
乾隆14年11月22日（1749・12・31）	福建閩縣	蔣長興	27	天后娘々 軍将　三位	二集31
乾隆14年11月23日（1750・1・1）	福建閩縣	呉永盛	28	天后娘娘六位	二集30、31
乾隆14年11月23日（1750・1・1）	福建興化府莆田県	黄明盛	30	天后娘娘三位	二集30、31
乾隆14年12月（1750）間	福建漳州府龍渓県	林順泰	23	天后娘娘一座 聖公爺　一尊	二集31
乾隆14年12月（1750）間	順天府天津衛	田聖思	20	九聖菩薩一幅	二集31
乾隆18年正月25日（1753・2・27）	江南通州	崔長順	23	天后娘娘一位 千里眼将一位 順風耳将一位	二集34、35
乾隆31年正月8日（1766・2・16）	福建漳州府龍渓県	蔡永盛	23	天后娘娘一位	二集50
乾隆34年12月28日（1770・1・24）	江南通州呂四場	姚恒順		天后娘　一位 千里眼将一位 順風耳将一位	二集54
乾隆44年12月15日（1779・12・22）	福建福州府閩県	林攀栄	33	天后娘娘一位 千里眼将一位 順風耳将一位	二集65、66
乾隆50年12月14日（1786・1・13）	広東潮州府澄海県	陳万金	38	天后娘娘一位 千里眼将一位 順風耳将一位 女婢　　二位	二集72
乾隆50年12月15日（1786・1・14）	福建漳州府龍渓県	金乾泰	26	天后娘娘一位 観音菩薩一位 千里眼将一位 順風耳将一位	二集72

乾隆50年12月21日（1786・1・20）	福建漳州府龍渓県	林長泰	26	**天后娘娘**一位 千里眼将一位 順風耳将一位	一集72
乾隆51年正月7日（1786・2・5）	江南蘇州府元和県	蔣隆順	20	関聖帝君一位 三官大帝一位 順風耳将一位	一集73
嘉慶6年12月5日（1802・1・8）	福建泉州府同安県	徐三貫	32	**所奉聖母神像**全座	一集94、95
嘉慶14年3月1日（1809・4・15）	江南蘇州府鎮洋県	兪富南	17	**所奉天上聖母**	
嘉慶19年12月25日（1815・2・3）	広東潮州府澄海県		乗員36 搭客22	**所聖母神像**全座	一集118
嘉慶21年11月7日（1816・12・25）	直隷天津府天津県	朱沛三		所奉観音菩薩	一集122、123
道光2年11月18日（1822・12・30）	広東潮州府澄海県	鄭仁記	乗員46 搭客44	**所奉天上聖母神像**全座	一集135
道光4年12月7日（1825・1・25）	広東潮州府澄海県	蔡高泰	乗員15 搭客7	**所奉天上聖母神像**全座	一集140
道光5年4月9日（1825・5・26）	福建泉州府同安県	洪振利	乗員29 搭客9	**所奉天聖母神像**　全座	一集140
道光6年12月23日（1827・1・20）	江南松江府上海県	舵工 王群芳		所奉関聖帝君一位 周倉　一位 所奉順風耳一位 千里眼　一位	一集144
道光6年12月23日（1827・1・20）	江南蘇州府崑山県	舵工 陳志貴	20	奉敬関聖帝君一座 関平　一位 周倉　一位 **奉敬天上聖母**一座 順風耳　一位 総官公　一位 千里眼　一位	一集144

道光10年12月4日（1831・1・17）	広東潮州府澄海県	楊伝順	乗員18 搭客23	所奉天恩公公 **所奉天后娘娘** 一座	二集153
道光16年12月16日（1837・1・22）	広東潮州府澄海県	陳進利	乗員40 搭客10	**奉敬天上聖母**一座 順風爺　二座	二集164
同治元年9月19日（1862・11・10）		舵工 杜柏茂	17	菩薩廟　一座 **天后聖母娘娘**	三集8

これら二五隻の清代帆船の船内において祭祀されていた舟神の名が表一より、「天后娘々」、「奉天上聖母」、「聖公爺」、「九聖菩薩」、「千里眼将」、「順風耳将」、「観音菩薩」、「関聖帝君」、「三官大帝」などが見られる。

とりわけ道光六年十二月二十三日（一八二七年一月二十日）に琉球国の今帰仁運天に漂着した蘇州府崑山県陳福利牌照、崑字二十七号商船は、舵工陳志貴の供述から船内祭祀の舟神の事例を見ることにする。

其船主陳継松、併不在船、通船人数、共計二十名、去年十一月、在上海県、装載貨物、要到山東省膠州口交卸、於初十日出口、同日往到崇明、十六日崇明放洋、不意在洋、屢次遭風、砍桅失舵、即将所載貨物伍分之一、丟棄下海、任風漂流、十二月二十三日、漂到貴轄地方等語[4]。

とあるように、陳継松の船には、二〇名が搭乗し、道光六年十一月に上海から山東膠州湾内西北岸の膠州に赴き交易し、帰帆後に長江口の崇明島付近で海難に遭遇し琉球国に漂着した。その積載品に次の品々があった。

計開随帯物件

一　奉敬関聖帝君　一座　関平　一位　周倉　一位

一　奉敬天上聖母　一座　順風耳　一位　総官公　一位　千里眼　一位

一　衣箱　　　二十個　　一　花尖帋　六百八十九塊（以下略）(5)

とあるように、奉敬関聖帝君一座、関平一位、周倉一位、奉敬天上聖母一座、順風耳一位、総官公一位、千里眼一位が見られる。天上聖母像すなわち媽姐像だけではなく関帝像なども船内において祭祀していた。このように、中国帆船の船内祭祀としては必ずしも媽姐祭祀に限定されるものではなかったが、最も多く祀られていたのは媽姐像で、二五隻のうち二一隻と八四％を占めていることから、中国帆船の船内祭祀としては媽姐像を安置していた事例が大多数を占めていたと考えられる。

朝鮮半島に漂着した次の中国帆船にも聖母像すなわち媽姐像が安置されていた。

朝鮮王朝の純祖九年己巳（嘉慶十三、一八〇九年）に全羅道靈光郡奉山近海に漂着した中国船(6)は、「山東省登州府寧海州人、使舡二十六人、係山東省登州府蓬萊縣人(7)」等が搭乗していた。この船には金像の天后聖母が安置されていた。朝鮮官吏の問いかけに乗員が答えている。

問、爾們金像、何為帶來。

答、此是天后聖母、係福建省林氏、昔日皇帝、為賊所追、至江邊、林氏指淺灘過江後、賊來問答不知、賊欲殺之、林氏投江身亡、其後皇帝、追封天妃娘娘、果然有靈、遂加封天后聖母。(8)

漂着船に安置された「金像」に朝鮮官吏が関心をもって質問したのに対する返答であった。

ついで純祖十三年癸酉（嘉慶十八、一八一三年）に全羅道扶安縣格浦に漂着した中国船は「福建省泉州府同安縣金門、廈門居住、而人共二十二人(9)」であった。この船にも天后聖母像があった。朝鮮官吏の中国船の乗員に対する次の質問のその返答に見られる。

問、爾們現今駄來卜物、何物也。

答、五位金佛及隨身衣服器皿、如干銀錢耳。

問、佛像是何佛耶。

答、一位天上聖母娘、三位玄天上帝、三位都是聖母之將、而本是供養船上、祈蒙庇佑者也。

この船には天后聖母像と三体の神像があった。その神像は守神の天后聖母であった。

憲宗三年丁酉（道光十七、一八三七年）に全羅道羅州牧黒山島に漂着した中国船は「大清國福建省漳州府詔安縣人[10]」等の中国人の四四名が漂着している。この船の事情を調査した朝鮮官吏は、船内に積まれていた品々等についても質問した。

問、更無甚東西否。

答、有金佛像五座、各人銀子八千二百八十九兩、錢一千二百三十九兩。

問、金佛、是甚麼佛。

答、是天后聖母娘娘[11]。

と、船員は答えている。この福建省詔安縣船の船内に、金で作られた「天后聖母娘娘」が安置され祭祀されていたのであった。

このように、中国帆船の多くが航海上の安全を祈願して媽姐像を安置し祭祀していた。

三　長崎来航の唐船により海を渡った媽姐像

江戸時代の長崎に来航した唐船の航海日誌が残されている。この記録の中に、船員等がどのように天后聖母を祭祀していたかが知られる。

この唐船は豊利号であり、その記録が咸豊元年（辛亥、嘉永四、一八五一）の「辛亥冬幫豊利船日記備査」である。その日記の中で、天后祭祀に関する記事のみを、以下に抜粋してみたい。

【咸豊元年】十月

初三、派生意。

得寶船主　楊少棠　財副　顧子英 陶梅江 楊亦樵　副副(12) 顔心如 項慎甫

豊利同(13)　項挹珊　同(14)　顔亮生　徐熙梅　同(15) 楊友樵 陳吉人

初四日、往各東翁府道謝、并拜同事諸公、用轎。

【咸豊元年】十一月

初二日、清晨乘轎到各東翁并諸親友處辭行。下午至公司、是晚吃順風酒。

初三日、未刻領簿子。候船主領簿畢、同至樓上拜天后聖母、下樓拜關帝畢、即向諸東翁拜辭。諸東翁送至船邊、舟子敲鑼開放。至通貴橋、仍各上岸辦事。今自坐王小二船到閘。……

廿六日、陰、未刻見北高麗。

廿七日、晴、巳刻見五島山、其時乾戌風、微雪、即至尾樓拜天上聖母。是晚天色昏黑、船行甚速、甚恐近山、出餞片時。……

【咸豐元年】十二月

初一日、晴。辰刻至將台拜聖母。……

初六日、陰、小雨。丑刻仍舊開砲。寅正起捀。酉刻進港交辦、即至將台拜聖母。……

初七日、辰刻收針、同伙總舵拜聖母。巳刻兩在留船主并程介堂、陶三叔下船問信。未刻上番、在梅溪上岸、兩局主副在梅溪接番畢、同至貨庫見頭目、結封帳托項慎兄、然後同至公堂一拜、即刻留庫吃點心、少停仍到貨庫寫結封帳。晚膳在留庫吃。……

廿八日、晴。子初過年、同至扶梯頭、先拜聖母、用三牲一付、豬頭一枚、素果十碗、并羔、元寶仙茶、酒等。隨後到各殿拈香。回至本庫、在聖母前奠酒再拜畢、在庫中各友一拜道喜。巳刻去拜源寶船總舵。至公堂、見各番皆要道喜。……

【咸豐二年】新正月

元旦日、晴。丑初在扶梯頭拜聖母後、即至各殿拈香、并至各番弟兄棚子拜年。……

……

【咸豐二年】二月

十五日、清明節、雨。清晨先至扶梯頭拜聖母、再往館内各殿拈香、然後出公堂、俟大和尚進館、挨番至土地堂、仙人堂兩處拈香、三併并和尚素齋、系兩頭番端正、正副頭番陪和尚、熙、友二公去。飯後本庫與二門皆要祭先。……

廿二日、晴。四一番下頭番、卯刻在扶梯頭拜聖母畢、即至一番本船老大出送行、至公堂一切并送老大順風、與昨同。

……

【咸豐二年】三月

初九日、晴、子一番船臨時賣插番。辰刻、熙翁送來酬儀鈔一百五十兩、内扣天后宮提緣十五兩。

「子清和月二十日在留崎陽日記備査」

【咸豐二年】七月

廿三日、晴。巳初同楊二叔、江十叔、兩總管、至福濟寺拈香、船去。乃年例、天上聖母誕也。……

廿三日、晴。年例天上聖母誕、出館至興福寺拈香。楊二叔未去。

廿五日、晴。辰正至悟真寺秋祭、船去。建幫内同去。[16]

【咸豐二年】九月　……

この記録からも明らかなように、「拝天后聖母」、「拝聖母」などと記されるように、唐船関係者は恒常的に天后聖母に対して祭祀を行っていたことは明かであろう。

江戸時代の長崎には、江戸前期には長江口附近から平底型の沙船（左圖）が来航していた。また江戸期を通じて浙江省より南の福建などからは海洋航行に適した尖底型の海洋船である鳥船（右圖）などが来航していた。[17]これらの帆船の圖が長崎の記録に残されている。[18]これらの船には媽姐像などの神像が安置され祭祀されていた。

長崎の貿易に来航した中国船が、海難に遭遇して現在の静岡県の沿海に漂着し、その後、長崎に送られるが、その途上で、三月二十二日は天后聖母の誕生日前日であった。船主の劉聖孚が「明日天后聖母壽辰、故本船設立五色旗、亦是敬神之意[19]」と、三月二十三日の天后聖母の誕生日を記念して「五色旗」を立てたいとの希望を日本側に要望し、さらに天后聖母に献上する供物が提供されたことからも、中国帆船には航海の安全を願って媽姐像

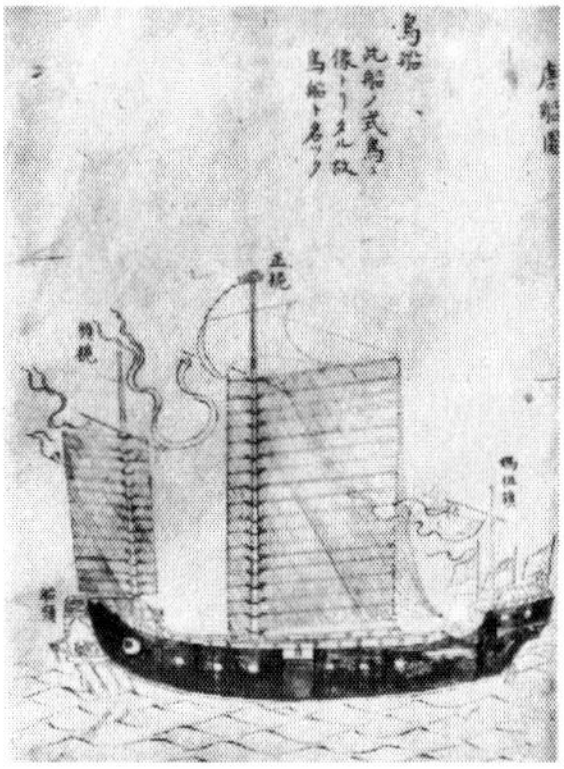

鳥船圖：『長崎志』巻十による。

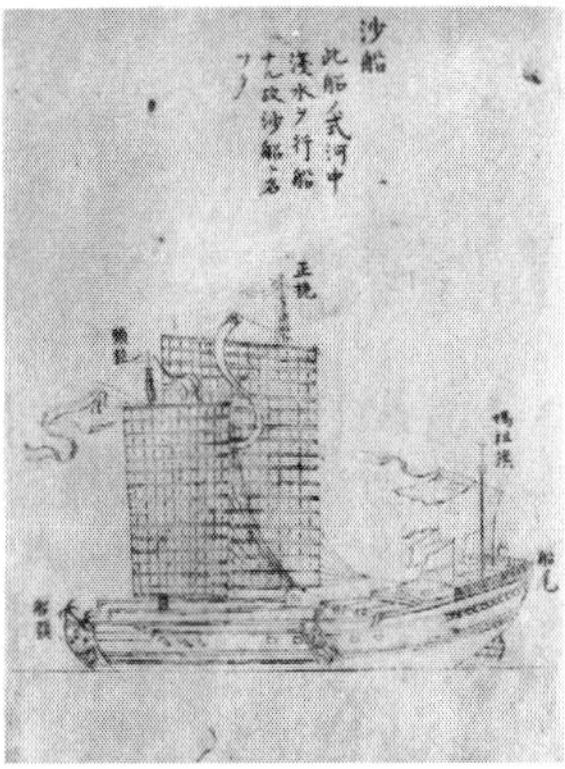

沙船圖：『長崎志』巻十による。

など神像が安置され祭祀されていた。

中国船が長崎に来航すると、船内に安置していた舟神を長崎の中国系の寺院に臨時的に陸揚げ安置し、帰帆時には再び船内に安置し帰国する行事が行われ、それを長崎では「菩薩揚[20]」と称していた。

西川如見の宝永六年（康熙四十八、一七〇九）序の『増補華夷通商考』に、唐船の乗員について述べた「唐船役者」の中に、香工と言う乗員について「菩薩ニ香華燈明ヲ勤メ[21]」とあるように、唐船の航行中に安置する神像に毎日祭祀を行うものとして搭乗していた。同書に次のように見られる。

> 長崎に来る唐人、船菩薩と号するは第一は媽姐なり、老媽《ノフマ》共号す。本福建興化の林氏の女、大海に没して神と成、神異靈現にして渡海の船を護る、天妃の尊号を諡す。又聖母と号す。観世音の化身と云。薩摩國野間権現は則老媽神也。野間は則老媽の和音なり[22]。

このように長崎来航の中国船には、日本では「船菩薩」と呼称する船神が祭祀されていたことは、日本人にも知られていた。その船菩薩の第一は媽姐であった。同書では、媽姐に次いで「關帝菩薩」、「諸葛武侯」、「張天師」、「觀音[23]」をあげている。

唐船が長崎に入港すると、長崎では一般に媽姐を菩薩と称し、中国船が到着した後に、船内に安置された舟神を唐寺に一時預け、帰帆時に船に戻し帰る祭事があった。これを「菩薩揚」と称していた。その後も幾つかの記録に見られる。

寛政丁巳（九、嘉慶二、一七九七）序の廣川獬の『長崎聞見録』の「舟揚り之圖　船菩薩のこと」（圖一）には、

長崎にきたる唐人菩薩と云舟神あり。老媽共云。傳聞昔時、福建興化の林氏の娘、大海に没して神となる。神異靈現にて海難を護す。是を天妃に比し、聖母とも号す。観世音の化身なりと云。薩摩の國野間権現は、則老媽神なり。野間は老媽の和音なり。唐船長崎へつきて、此舟神を唐寺に預くる其路すがら棒つかひと云者あり。辻つじにて種々に棒をつかふ。出帆舟に乗るときも同じ。これ邪氣を祓ふなるばきなり。[24]

とあり、先の西川如見の『増補華夷通商考』と前段はほぼ同様であるが、長崎に到着すると、唐船に安置した船神を、長崎の唐寺すなわち中国系の寺院に運び、長崎の滞在中は寺院で祭祀し、帰帆時には再び船に載せて出港したとある。

江戸時代の文政年間（嘉慶二十三〜道光九、一八一八〜一八二九年）に長崎奉行の命によってまとめられたが、永らく稿本のままで未刊であったものを一九三一年（昭和六）に刊行された資料に『長崎名所圖繪』がある。[25]同書は、長崎の輿地、形勝、名義、江海、橋梁、要路など詳細に記述され、江戸後期の長崎事情を知る上では貴重な史料である。

その『長崎名所圖繪』巻三、西邊之部、福濟寺の条に、長崎に来航した唐船に安置されていた媽姐像を、長崎の中国系の寺院、いわゆる唐寺に安置する行事を「菩薩揚」（圖二）と呼称した。元和六年（泰昌元、一六二〇）に南京寺、寛永六年（崇禎二、一六二九）に漳州寺と福州寺が唐船の船主等の寄附により創建される。[26]南京寺と

は俗称で、禅宗臨済派の東明山興福寺であり[27]、漳州寺は臨済派の分紫山福濟寺であり[28]、福州寺は臨済派の聖壽山崇福寺[29]であった。

これらの唐寺へ、長崎に来航した中国帆船は貿易業務が終了するまで、船内に安置した神像を預け祭祀を依頼していた。そして帰帆の際には、預けていた神像を船に戻して出港した。中国船の長崎への入港直後と出港直前に神像を船から寺院に、寺院から船へ移動する行事が「菩薩揚」と呼称されたのである。

唐船が長崎に入港すると、各船の宗派によって、「南京船は興福寺、福州船は崇福寺、漳州船は福濟寺」と決まっている寺に、船内の神像の祭祀を依頼した。しかし、年月とともに変化し、後には「三寺輪番」と交代で担当するようになる。しかし聖福寺[30]は唐寺であるが、この「菩薩揚」には関与していない。

興福寺、崇福寺、福濟寺の三箇寺は、媽姐の祭事を定期的に行っていた。

毎年三月廿三日船神天后ノ祭祀ナル故、唐三ケ寺輪番ニ三月、七月、九月、廿三日毎ニ在津ノ唐人共出舘シテ参詣禮拝スル事ヲ免サル[31]。

とされるように、媽姐の誕生日である三月二十三日と、七月と九月の二十三日に媽姐の祭礼を行っていた。そのために長崎に滞在し、唐館すなわち唐人屋敷に居留している中国人は、唐館から出て祭事に参詣することが許されたのであった。

事実、興福寺には佛殿、媽姐堂、開山堂、観音堂があるが、その媽姐堂には天后聖母像（倚像）が一體、天后聖母侍女（立像）が一體、千里眼像（立像）、順風耳像（立像）一體が安置されていた[32]。福濟寺では大殿、弥勒殿・天王殿、開山堂、青蓮殿があり、その青蓮堂に、媽姐像（倚像）一體、媽姐侍女像（立像）左右一対[33]が安置され、崇福寺には、大殿、天王殿、禅堂、開山堂、媽姐堂、観音堂等があり、媽姐堂に媽姐堂本尊として天后聖母像（倚像）一體と侍女像（立像）二體、侍者（立像）二體、天后聖母像（倚像）一體[34]が安置祭祀されていた。ちなみに上記の三寺と同じ中国系寺院である聖福寺には観音堂に龍女像（立像）一體の他に千里眼像（立像）一體、順風耳像（立像）一體が見られるが、媽姐像は無い[35]。このように唐三ヶ寺には媽姐を安置し祭祀する建造物が設置されていた。これらの祭祀堂に「菩薩揚」の行事が行われたようである。

『長崎名所圖繪』巻三、西邊之部、福濟寺の条に、その「菩薩揚」について次のように記されている。

唐船湊入して後、菩薩揚といふ事あり。固より船ごとにぼさ棚とて船魂の神を祀る所を設けて天妃の像を安置し、海路の往来晝夜朝暮に怠りなく、禮拝をなして海洋の間、艱難なからんことを祈る、既に是港に来り、碇を入て後は、唐人ことごとく館内にうつりゆきて、船中の神像を護すること能はざるを以て南京寺、興福寺、福州寺、崇福寺、漳州寺、福濟寺の三箇寺に輪番を追て捧げゆき、

むかしは各船の帰依に任せて、南京船は興福寺、福州船は崇福寺、漳州船は福濟寺と定めてたのみ納めしが、多寡繼絶、年々濟しからざれば近き頃より、三寺輪番有て次第に納るなり。聖福寺も唐寺なれどもぼさつあげに與からず。

在津の間の奉護を托すなり。其行装香工　ボサ役なり　の唐人まづ二箇の燈籠を先に立てて左右に排行す。次に銅鑼を持つ　二人左右に並び持つ　次に直庫

或は鐵鈷といふ長さ六尺ばかりの棒の頭に、赤き木綿を結ひたるもの也。これを執る者をテツコ振りといふ。

を執る。其次、中央に老媽《のうま》の像

多くは木造にして、うしろより團扇をさしかざしたる像なり。左右に侍女の像あり。或は前に千里眼、順

風耳の像、或は神虎を置もあり。神虎は土神の使はしめといふ。館内にては土神廟の内にあり。を臺上に安措して、是を捧ぐ。右左に旗を持ち、うしろより盖傘を掲ぐ守護の唐人兩三人譯士、吏目《やくにん》附添ゆく。途中、十字街に至るごとに銅鑼を鳴らし直庫を振る。

直庫を執る者は、長袖の黒衣を着、黒帽を戴き僧形をなす。既にこれを振らんとする時、先に鐵鈷を袖上に横《よこた》へ兩足を以て地上に心の文字を蹈むといへり。振終て東に行かんと欲すれば、鐵鈷の頭を東に向け、西にゆかんと欲すれば西に向く。南北もまた斯のごとし。然ふして上下に轉じ、左右に振り、手足進退種種に曲節をなす。其手段數曲有て、曲曲皆目ありといふ。其間銅鑼をうち鳴らして曲勢をたすく。寺に至つては、山門、中門或は關帝堂の前、媽姐門、媽姐堂にて銅鑼を鳴らして、頻《しき》りに鐵鈷を振るなり。他人もし過ちて其前を犯し通ることあれば、また改て振り直す。ひとえに障魔汚穢を祓ひ除くのしわざなり。其後老媽《のうま》の像及び鐵鈷を媽姐堂に納めて館内に歸るなり。出船の前、此像をもとの如く守護して歸りて、船中に安置す。

入船出船に鐵鈷の振りかた異なりといへり。唐人あやまちて老媽《のうま》の像を穢すことあれば、忽ち祟りありて、其唐人大熱して狂氣のごとく穢がす處の過を擧げて、怒り罵じる。則其罪を謝してやうやく本のごとく平癒す。此故にはなはだ恐れ敬ふとぞ。(36)

とあるように、「菩薩揚」の諸事を詳細に記している。

そこで「菩薩揚」の行事の具体的状況を見てみたい。「ボサ役」である香工の唐人が、二箇の燈籠を先に立てて左右に並び進み行き、ついで銅鑼を持つ「直庫」と呼称される船員二人が左右に並んで、鐵鈷と呼ぶ長さ六尺およそ一・八mの棒の先に、赤い木綿を結んだもの振る。これを「テツコ振り」と呼んだ。さらに籠に多くの場合は木造である「老媽《のうま》の像」を載せ、その像の側には左右に侍女の像、時には前に千里眼、順風耳の像や神虎が載せられていた。

この行列によって唐寺に赴いた（圖一、二、三参照）。事故により神像を落下させるようなことがあれば、その関係者に不幸な事が生じるとして忌避したようである。

この行事は、長崎に唐船が来航していた一九世紀の中頃まで行われていたのである。

咸豊元年（嘉永四、一八五一）十一月に長崎に来航した豊利船の船内で天后聖母を祀っていた。長崎来航後は、天后宮へ祭祀に赴いている。そのことは、この時の航海の記録である「辛亥冬幫豊利船日記備査」に見られる。

［咸豊二年正月］十四日、陰。午後仍上局、自〇四十四兩。

元宵、晴。辰正各殿拈香畢、竟出公堂。楊二叔邀去手談、自乂四百七十三千。回本庫轉局、又乂十九兩。晚間天后宮撤羹。(37)

［咸豊二年三月］

初九日、晴、子一番船臨時賣插番。辰刻、熙翁送來酬儀鈔一百五十兩、内扣天后宮提緣十五兩。(38)

とあるように、天后宮での祭事は、先に記した唐三ケ寺のいずれかにおいて行われたのであろう。

弘化版（弘化四、一八四七）『長崎土産』にはその圖（文末の圖三参照）を掲載し、先の『長崎名勝圖繪』と同様に次のように見られる。

菩薩揚

唐船湊に入りて後、菩薩揚といふ事あり。素より船ごとに菩薩棚とて船魂の神を祭る所を設けて天妃の像を安置し、海路の患難をなくすことを朝暮に祈る。既に湊に來り碇を入れて後は船中の唐人悉く館内に移りきて神像を保護する事能わざるを以て、唐三ケ寺に輪番を追て捧げゆき、在津の間に奉護を託せるなり。其行將は香工　船魂神に香花を供する役　の唐人二人燈籠を左右に持ちて並びゆく。次に銅鑼を持つ　二人左右に並びもち　次に直庫　長さ六尺斗りの棒の頭に赤の木綿を結びたるものなり。これを操る者をテツコフリといふ　をと続、其次中央小老媽の像　多く木像にして後より団扇をかざしたる像なり、左右に侍女の像あり。或は前に千里眼、順風耳の像、又は神虎を置もあり。神虎は土神の使わしめといふ　……寺に至ては山門、中門、或は関帝堂の前、媽姐門媽姐堂にて銅鑼を鳴して頻に直庫へ振るなり。他人若過ちて、其前を犯し通る事あれば、改て振り直しいたり、障魔汚穢をはらひ除くのしくさなり。其後老媽姐の像及ひ直庫を媽姐堂に納めて館内に帰るなり。出船は前此像をもとの如く守護し帰りて船中に安置す。實に聖朝の徳化廣遠にして異邦の来貢絶えることなく、唯長崎の繁栄のことぞ、亦四海の繁栄をや。

とある「菩薩揚」の行事は、長崎への中国系神々の伝播過程の一齣を示しているものと考えられる。

長崎貿易のために来航した中国の人々は、元禄二年（康熙二十八、一六八九）以降は、日本が設置した唐人屋敷、唐館に滞在していた。そのため彼等の祭祀はどのようであったかであるが、唐人屋敷内には、元禄三年すなわち唐人屋敷の設立の翌年に「土神堂」が設立されている。土神堂の堂内には正面に土神像を三體安置し、左右の別壇に天后聖母と關帝を祀り、後壁には土神像を掲げていた[39]。土神堂の祭祀として毎年三月に唐三ヶ寺の僧侶が来たり、唐船の海上安全と館内に滞在している唐人の繁栄を祈願し、七月に盆祭前に唐人の物故者の御霊を弔う祭事を行っている[40]。

その後、元文元年（乾隆元、一七三六）に唐人屋敷内に天后堂が創立されている。神殿には天后聖母像（座像）一體、千里眼像（立像）一體、順風耳像（立像）一體が安置されていた[41]。

明治元年（同治七、一八六八）には福建人等が舊唐人屋敷内に八閩會所を創設し、同時に會所内に天后堂が新築されている。本堂には天后聖母像（坐像）一體、千里眼像（立像）一體、順風耳像（立像）一體を安置していた。[42] そして明治四年（同治十、一八七一）に長崎廣馬場町に廣東會所を設立し、同所内に天后堂を設けた。本堂には天后聖母像（坐像）一體を安置していた。[43] 長崎が開港し、明治以降になっても渡来する福建、廣東の人々は日本においても媽祖信仰の火は絶やさなかった。

四　小結

上述のように、清代帆船の船内には航海の安全を祈願するために、媽祖像をはじめとする神像が安置され、大型海船の場合には、その神像に毎日祭祀するための「香工」と呼称された専門の船員が乗船していた。彼等は日々、舟神の像に供え物をするなど、祭祀を絶やすことがなかった。

江戸時代の長崎に来航した唐船すなわち中国帆船は、長崎港での停泊中は、船内が無人になるため、船内安置の神像を長崎にあった中国系の寺院、禅宗臨済派の興福寺、崇福寺、福済寺の三ヶ寺のいずれかに安置して、各寺院での祭祀を依頼していた。そして各船が長崎での貿易業務を終えて、長崎から帰帆する直前に再び神像を船に載せて出港した。この唐船の長崎入港直後、そして長崎出港直前に、唐船から唐寺へ、唐寺から唐船へと神像を移す行事が長崎では「菩薩揚」と呼称され、長崎にある日本の寺社にも影響を与える風俗となっていった。「菩薩揚」の中心となった神像が媽祖像であった。唐三ヶ寺には呼称が異なるが、媽祖像を安置して祭祀する建造物が設けられ、中国から来航する唐船の乗員のみならず長崎の人々にとっても信仰の対象になっていたのである。

明治になっても「菩薩揚」の行事は、長崎の寺院諏訪神社の神事に「異彩を放つ[44]」として行われていたようであり、開港後の日本へ渡来する福建、廣東を中心とする中国系の人々による媽祖信仰、天后祭祀は現在に続いている。

また中国の人々にとって船内祭祀の事例は清代以前の帆船に止まらない。現在の中国沿海の船舶にも見られるのである[45]。

[圖版：長崎の「菩薩揚」関係圖]

圖一　「舟揚り之圖　船菩薩のこと」
『長崎聞見録』による。

圖二　奉天妃振直庫之圖
『長崎名勝圖繪』巻三による。

圖三　媽姐揚（ボサアケ）圖
弘化版『長崎土産』22丁ｂによる。

注

（1）（清）紀昀『閲微草堂筆記』天津古籍書店、上・下冊、一九八〇年六月、下冊、巻十九、八丁裏。
（2）張燮撰『東西洋考』正中書局、一九六二年九月臺初版、三七一頁。
（3）松浦章「18－19世紀における南西諸島漂着中国帆船より見た清代航運業の一側面」『関西大学東西学術研究所紀要』第十六輯、一九八三年一月。
（4）『歴代寶案』第二集一四四、五九九四、五九九六―五九九九頁。
松浦章『清代帆船沿海航運史の研究』関西大学出版部、二〇一〇年一月、二二七―二六八頁。
（5）『歴代寶案』第二集一四四、五九九四、五九九六―五九九九頁。
松浦章『清代帆船沿海航運史の研究』関西大学出版部、二六〇頁。
（6）『備邊司謄録』第二〇冊、一五一―一九頁。松浦章編、卞鳳奎編譯『清代帆船東亞航運史料彙編』台湾・樂學書局、二〇〇七年二月。
（7）松浦章編、卞鳳奎編譯『清代帆船東亞航運史料彙編』台湾・樂學書局、二〇〇七年二月、一一六頁。
（8）同書、一二〇頁。
（9）同書、一二六頁。
（10）同書、一五九頁。
（11）松浦章編著・卞鳳奎編譯『清代帆船東亞航運史料彙編』樂學書局、二〇〇七年二月、一六二頁（一―三二〇頁）。
（12）意為〝財副〟的副手。
（13）同上行〝船主〟。
（14）同上行〝財副〟。
（15）同上行〝副副〟。
（16）松浦章編著・卞鳳奎編譯『清代帆船東亞航運史料彙編』樂學書局、二〇〇七年二月、一八九―二一五頁。
（17）松浦章『清代海外貿易史の研究』朋友書店、二〇〇二年一月、二六四頁。

(18)『長崎志』巻十、「唐船圖」による。「鳥船　此船ノ式、鳥ニ像トリタル故、鳥船ト名ツク」、「沙船　此船ノ式、河中浅水ヲ行船ナル故、沙船ト名ツク」とある。古賀十二郎校訂『長崎志』長崎文庫刊行会、一九二八年一月、三五四―三五五頁の附載圖による。

(19) 田中謙二・松浦章『文政九年遠州漂着得泰船資料―江戸時代漂着唐船資料集二―』関西大学出版部、一九八六年三月、七七、六三九頁。

(20)『長崎市史　風俗編上』長崎市、一九二五年十一月初版、一九八一年十一月復刻版、四六〇―四六三頁。

(21) 瀧本誠一編『日本経済叢書巻五』日本経済叢書刊行会、一九一四年十月、二四一頁。

(22) 同書、二四〇頁。原文、漢字とカタカナ文であるが、漢字とひらがな文に改めた。

(23) 同書、二四〇頁。

(24)『長崎文献叢書第一集・第五巻　長崎虫眼鏡・長崎聞見録・長崎縁起略』長崎文献社、一九七五年五月、三六頁。

(25) 長崎史談會編『長崎名所圖繪』長崎史談會、一九三一年四月跋、全五八四頁。一九三一年一月付の長崎市長富永鴻の序、一頁。

(26) 古賀十二郎校訂『長崎志』長崎文庫刊行会、一九二八年一月、三五九頁。

(27) 同書、一八八―一八九頁。

(28) 同書、二〇五―二〇六頁

(29) 同書、二〇九頁。

(30) 聖福寺は臨済派で萬壽山聖福寺であり、延宝五年（康熙十六、一六七七）の開基。古賀十二郎校訂『長崎志』長崎文庫刊行会、二三六頁。

(31) 長崎史談會編『長崎名所圖繪』長崎史談會、二〇六頁。

(32) 長崎市編『長崎市史　地誌編佛寺部下』長崎市、一九二三年三月、復刻版、清文堂出版、一九八一年七月、二〇五―二〇八頁。

(33) 同書、三〇二―三〇五頁。

(34) 同書、四三三―四三六頁。

(35) 同書、五七二―五七三頁。
(36) 長崎史談會編『長崎名所圖繪』長崎史談會、一九三一年四月跋、二八六頁(一―五八四頁)。
(37) 同書、一九八頁。
(38) 同書、二〇三頁。
(39) 長崎市編『長崎市史　地誌編佛寺部下』長崎市、七八五頁。
(40) 同書、七八三頁。
(41) 同書、七七四―七七六頁。
(42) 同書、七七六―七八〇頁。
(43) 同書、七八〇―七八一頁。
(44) 長崎市編『長崎市史　風俗編上』長崎市、一九二五年十一月、復刻版、清文堂出版、一九八一年十一月、四六三頁。
(45) 松浦章「清代帆船の船内祭祀―沿海地域における宗教伝播の過程において―」、『東アジア文化交渉研究』第二号、二〇〇九年三月、一一九―一二〇頁(一〇九―一二〇)頁。

II　言説と文章をめぐる問題

東アジア史をめぐる言説について
――歴史研究の枠組としての東アジアを考えるための覚書――

藤田髙夫

一

いささか旧聞に属することになるが、二一世紀に入ってまもなく、「東アジア共同体」という言葉がメディアに踊った時期があった。民主党政権時代に、鳩山由紀夫首相がこれを構想・提唱し、その現実性と脆弱性がしばらく議論されていたが、鳩山内閣が倒れたことでアクチュアリティーを失い、この構想はまもなく沙汰止みとなった[1]。

そもそも議論が立ち上がったその時点からすでに「東アジア」が何を指すのかについては、不一致が目立っていた。この構想がEUのような経済的（さらには一部政治的）統合への志向を含むものであったために、現在の諸国家のどこが含まれるのかについて、議論を収束させることはできずに終わった感がある。

その混乱を横目で見ながら、当時「東アジア」を対象とする学問的枠組の構築をめぐって苦悶・苦吟をつづけていた筆者は、[2]この議論に対して学術的な蓄積を持っていたはずの我が国の学界とりわけ歴史学の方面からのコメントが出てこないことに幾分かの不審感を持っていた。戦後日本の歴史学界は、「東アジア」という地域設定について、そして「東アジア世界」という枠組についての議論を積み重ねてきたのであり、何が東アジアか、という問題にヴィヴィッドに反応すべきではないか、という若干の苛立たしさも感じていた。

またそれは、半世紀を超える日本の「東アジア世界」論の成果と、近年になってようやく中国や韓国でもさほど抵抗感なく受け入れられるようになってきた「東アジア（東亜）」という概念のズレに対する警戒心の裏返しでもあった。こうした「ひっかかり」ともいうべき思いは、「東アジア」という地域設定、とくに歴史研究の枠組としての東アジアの意味を考察するときに、現在でも個人的には払拭し切れていないのが現状である。とりわけ近年、東アジアではなく「東アジア史」という言葉を含んだ研究が陸続と発表されるようになってきた状況を踏まえると、ここで「東アジア史」について、日本の歴史学がどのような言説を残してきたか、一端振り返っておくことも無意味ではあるまい。筆者の能力的限界から網羅的であることはもとより望むべくもないが、現在の自身の関心に基づいて若干の整理を試みてみたい。

伝統的な歴史研究の枠組である「東洋史」は、周知のとおり、一九世紀末の日本において形成された学問領域である。もともと「東洋史」は、中等学校の歴史科目を「国史」「西洋史」「東洋史」の三科目に編成するという方針の下で生まれたものであった。「東洋史」という名称の定着については、中等教育の歴史教科書として一八九八年に著された桑原隲蔵『中等東洋史』の役割が大きいとされる[3]。『中等東洋史』の総論において、桑原は東洋史を以下のように定義する。

東洋史とは、主として東方アジアに於ける、民族の盛衰、邦国の興亡を明かにする一般歴史にして、西洋史と相並んで、世界史の一半を構成する者なり。

また地域区分については、「第一　東方アジア」「第二　南方アジア」「第三　中央アジア」「第四　西方アジア」「第五　北方アジア」とアジア大陸を五つに区分して、

東洋史は主として、東方アジアに於ける、古来の沿革を明かにすれども、亦同時に之と幾多直間接の関係ある、南方アジア及び中央アジアの沿革をも略述せざるべからず。北方アジアに至りては、気候寒冽にして、人煙も亦稀少、従うて東方アジアの大勢に、大関係ある事変の舞台とならず。西方アジアは、寧ろ欧洲の大勢と分離すべからざる関係を有するが故に、共に東洋史の範囲以外に在り。

として、中国・朝鮮を含む東方アジアを中心に、一部中央アジアと南方アジアを対象とし、西アジアおよび今日のシベリアに相当する北方アジアを除外することが明言される。

西洋に対応する意味での東洋ならば、それはアジアとほぼ同義となるが、東洋史はアジア全般を扱うのではなく、東方アジアに重点をおき、その点で東アジア史の範囲と近接する。しかし、決定的に異なるのは、そこに日本が含まれないことである。東洋史が日本を除外した理由について、桑原は「中等東洋史弁言十則」の第八で「我国に於ける事変は、別に国史の存するあれば、斯には重複を避けて、他国と大関係ある事変の外は、多く省略に従う」として、中等教育の科目編成上の問題としている。

これに関して、宮崎市定は「東洋史に日本史を含まないのは、実際教育上における便宜的な措置に過ぎなかっ

た」とした上で、「このことが長く継続するにつれて、何とはなしに東洋史と日本史は相対立するもの、例えば東洋史と西洋史の如き関係にあるものと理解されるようになってきた」と述べる。その原因について宮崎は、日本史の側の問題として、「日本と大陸との関係を重視すると、いきおい日本の歴史は大陸文化に対して受け身に立って発達してきたという結論になりそうなので、つとめて日本を大陸から切離し、日本で日本を説明する傾向が強化された」とする一方で、東洋史の側の問題として、「東洋史の中に日本を位置づける努力がその後、真剣に払われなかった」ことを指摘し、皇国史観の隆盛のもとで「東洋史の側から日本史を故意に敬遠する傾向を生じた」と述べる。[4] さらに宮崎は「著者（＝桑原）の意図する東洋史は、当然日本を含むべき筈のものであった」、「東洋史学創立者たちの意向は、どこまでも日本史を東洋史の中に含ませるにあったことを、特にここで強調しておきたいと思う」と述べている。

しかし、東洋史が日本史を含むものとして構想されていたとする宮崎の解説は、説得力を持つとは言いがたいだろう。やはり東洋史はその創設から、自国史である日本史の外側に構想されたものであったと考えざるを得ない。そしてそれは、日本を含まない東洋という点で、近代日本のアジアに対する立ち位置を象徴するものであったと考えることができる。要するに、東洋史は外国史としての東洋を対象とするものに他ならなかったのである。[5]

二

歴史的世界としての東アジアを論ずる際に、常に立ち返るべき業績が、西嶋定生の「東アジア世界」論であることはいうまでもあるまい[6]。この西嶋説に触れる前に、その伏線として二つの業績をここであげておきたい。

一つは、前田直典の言説である[7]。前田説は中国史の時代区分に関わって、中国の古代から中世への移行時期を後漢末から唐末まで引き下げるもので、内藤湖南以来の時代区分に対して新しい時代区分論を提示したものであることは周知のとおりである。ここで指摘したいのは、時代区分の当否ではなく、その発想の根源にある「東アジア」という地域の歴史的展開に対する認識である。前田は中国史・朝鮮史・日本史がそれぞれ別個に独立して展開したのではなく、相互に連関を持ちながら、時代の転換を経験したという見通しを持って、中国史における古代の終末を唐末に設定しようとしていた。前田は、

日本の古代から中世、近世への発達は、社会の基礎構造において大陸とは全く切り離されて考察されてきた。我々はこれに対して一応の反省を試みる必要があるように思われる。

とした上で、中国・満州・朝鮮半島の歴史的展開を概観し、次のように反問する。

結局はシナ、日本、朝鮮の中には世界史的編年、或は東アジア共通の社会史的時代区分は考えられず、それぞれ無連関に異質的なものを想定すべきなのであろうか。

この問いかけは当然否定的な回答が想定されるべきものであり、前田の所説は「平行性」（並行性）という言葉を用いていることからも分かるように、中国史・朝鮮史・日本史の展開を一つのテーブルのうえにあげて論じようとしていたのである。

今日から見れば、その発想の基礎には唯物論的時代区分の東アジアへの適用という作為があることは明らかだし、この説が何かを実証したわけではないことも認めなくてはならない。そうではあるが、前田がここで各国史を貫く歴史の展開軸を求めようとしていたことは、率直に評価すべきであろう。

もう一つの先行する業績は、『日本国民の世界史』の下敷きとなった上原專祿の世界史構想である。[8] この著作は高等学校社会科の世界史教科書として構想・執筆され使用されたものであったが、一九五七年・五八年の文部省教科書検定において不合格とされたため、一般書籍として出版されたものであった。

この教科書の特色として指摘しておきたいのは、世界が一体となっての世界史が本格的に出現するのは一九世紀以降であるという認識のもとに、それ以前の歴史を併存する文明圏の歴史として捉えている点である。また、そうした文明圏のうち東洋文明圏を「中国文明」「インド文明」「西アジア文明」に三分した上で、[9] この教科書の叙述が「中国文明」から開始されることについて、以下のように説明する。

われわれが東洋文明圏の歴史から書き始め、…東洋文明圏の中では「中国文明の形成とそれを中心とする東アジア史の展開」を最初に書きしるすことにしたのは、どういうわけであろうか。…それは、世界史を学ぼうとし、世界史を書こうとしているわれわれ日本人の歴史というものが、ほかならぬ東洋文明圏における歴史であったからである。それは、われわれの祖先たちがつくり出した日本文明が、中国を中心とした東アジア世界の歴史の動向のうちに形成されたものであるからである。またそれは、現代日本の生活現実や実際問題が、何よりも、東洋文明圏における―特に東アジア世界における―歴史的現実であるからである。

ここで主張される現代日本の現実と東アジア世界との連関性の意識は、同じ中等教育の教科書として執筆されながら、外国史を東洋史と西洋史に二分し、かつ東アジア偏重の東洋史をくみ上げていったかつての中等東洋史とは一線を画するものであった。もちろんかつての東洋史と同様に、日本史と並置される科目としての世界史である以上、そこに日本史が含まれないのは当然であろうが、世界史の文明圏のなかで日本との関わりにおいて東アジア文明圏に特別の位置を与えていることは確認しておきたい。また、この教科書執筆陣の有力メンバーの一人が西嶋定生であったことも、西嶋説の前提として了解しておかねばならない。このような歴史的世界としての「東アジア」という着想の延長線上に、西嶋説が提唱されるのである。

さてその西嶋説であるが、いわゆる「冊封体制論」あるいは「東アジア世界論」として定式化されたこのセオリーについては、すでに多くの分析がおこなわれており、ここでそれをはじめから跡づける必要はないであろう。数多くの批判が存在したにもかかわらず、今日においても歴史的世界としての東アジアに言及する上で、一つのパラダイムとして息づいていることは否定できない。李成市が指摘するように[10]、西嶋説が戦後日本の歴史学界において、「グランド・セオリー」としての役割を果たしてきたことは明らかである。

西嶋説に対する批判としては、その空間的範囲すなわち中国本土・朝鮮半島・日本列島・ベトナム北部が「東アジア」とりわけ中国王朝をとりまく現実と乖離する点や、「冊封」という特定の政治的関係の有無と中国文化の伝播とが、必ずしも結びつくわけではない点など、その重要な欠点が指摘されているし、「漢字」「儒教」「仏教」「律令制」という東アジア世界のメルクマールが、すべての地域で貫徹するわけではないという指摘もある[11]。ただ、地域設定やメルクマールについて、西嶋自身は慎重にいくつかの留保を付けた上での立論をしていることも忘れてはならないだろう。

ここで問題としたいのは、西嶋説がもともと「日本史」の問題として提示されたことである。西嶋東アジア世界論の初出が『岩波講座日本歴史』であったことはそれを裏付けているだろう。西嶋説の最も肝要な点は、日本史の歴史を日本列島のなかで完結する営みとして捉えるのではなく、日本を含むより大きな構造の中に位置づけて理解するところにある。つまり西嶋東アジア論は、日本史を東アジア史の中に、さらに世界史の中に位置づけようとする理論であった[12]。だとするならば、西嶋説への今日的評価には、それが日本史研究に与えたインパクトがいかなるものであったかという観点が必要となろう。

三

西嶋は東アジア世界論を定立した後、日本古代史に対して積極的な発言を為しているが[13]、日本史の側の反応は、対外関係史とりわけ近世史研究者から注目すべき成果が提出されてきた。ここではその一つとして、荒野泰典らの業績をとりあげたい。荒野は近世の日本人にとっての東アジア認識の一例として、西川如見『増補華夷通商考』に見られる対外認識のカテゴリーを分析している[14]。

それによれば、西川如見の対外認識は、「中華」、「外国」、「外夷」に大別されるが、このうち「外国」（具体的には朝鮮・琉球・大宛・東京・交趾）は「国は唐土の外なりといえども、中華の命に従い中華の文字を用い、三教通達の国なり」としている。荒野も指摘するように、ここで気づくのは、西川如見の中華と外国は、西嶋の冊封体制のもとでの東アジアと非常に近似したものとなっている[15]。これは三百年の時間を隔てても、東アジアを想起する際の日本的視角の存在をあるいは示唆しているのかも知れない。

荒野泰典をはじめとする日本の対外関係史研究が東アジアの歴史的展開と日本史の展開の関連を正面から論じた成果の一つに、如上よりも先行するものであるが、シリーズ『アジアの中の日本史』の序論的な位置づけを有するものとして書かれた「時期区分論」がある[16]。

さて以上を前提として、「アジアのなかの日本史」の時期区分を試みようとするとき、さしあたりふたつの方法が念頭に浮かんでくる。ひとつは、日本列島を含むアジア総体の史的展開を、ある統一的な基準に照らして区分する方法であり、もうひとつは、列島の史的展開にたいするアジアの規定性に着目し、その強度および質的変化に即して区分する方法である。

ここで荒野らは、「前者はアジアから日本を見る方向、後者は日本からアジアを見る方向、といってよいかもしれない」とも述べている。最終的に荒野らは後者を選択している。すなわち日本史の展開に対するアジアの規定性の強弱によって、全体を一〇期に区分している。そして、

> 列島地域にたいする対外的インパクトが比較的弱く、安定的な通交関係が存続した相対的安定期と、安定期を通じて蓄積された矛盾が表面化して、対外的緊張のもとで急速に通交のありようが変貌し、それが地域内の政治・社会の状況と密接にからみあう移行期ないし変動期とを識別し、双方が交互にあらわれる脈動《パルス》として、列島地域の史的展開を捉えることを試みたい。

として、従来の古代・中世のような伝統的時代区分とは異なった区分を提示している。その区分の詳細に立ち入ることを本稿ではおこなわないが、それが大きな違和感を与えるものでないことは、この時期区分が一定の妥当性・蓋然性を有していることを物語っているのだろう。ただ注意すべきは、前者の方法つまり、「日本列島を含むアジア総体の史的展開を、ある統一的な基準に照らして区分する方法」が放棄された理由である。これについては

> この作業は、基本的には先述した第二の方法―列島の史的展開にたいするアジアの規定性に着目し、その強度および質的変化に即して区分する方法―によるものだが、同時にこのパルスは大陸側の政治的・経済的変動をその力学を重要な要素として生起するのだから、この側面に視点をすえることで、先述の第一の方法―日本列島を含むアジア総体の史的展開を、ある統一的な基準に照らして区分する方法―への接近も可能にな

ってくるだろう。

との補足的説明はある。しかし、翻って考えてみると、アジア総体（ここでは東アジアに限定してもよい）の史的展開というべきものは、そもそも存在していないのではないか、という疑問が生じてくる。

発展段階論の東アジアへの全般的適用という方法が行き詰まってのち、「総体としての東アジア」の歴史的展開に関する言説として、我々は現在何を手にしているのであろうか。あるいは、歴史的世界としての東アジアを構想することの前提として、「総体としての東アジア史」という大きな物語を措定することはそもそも可能なのであろうか。

これは一つの歴史的世界としての東アジアを叙述することが、どのようにすれば可能かという問題である。同時にまた、ありうべき東アジア史と現存する各国史との内的連関をどのように検出しどのように叙述すればよいのかという東アジア史研究の方向性に関わる問題でもある。

一国史と東アジア世界論との関わりについて、李成市は西嶋の発想には一国史としての日本史の克服はなかった、と喝破している(17)。

…西嶋が共同執筆者となった『日本国民の世界史』の発想をみればわかるように、そもそも西嶋は国民を主体とした世界史像の形成を念頭に置いているのであって、西嶋自身の著作からも、当初より一国史を克服するというような問題意識は希薄である。…あくまでも、日本の歴史を日本列島の中で動いた歴史として理解するのではなく、日本列島そのものが包含される完結した構造の中に位置づけて、この興亡の一環として理解しようとするところにその眼目がある。ここには従前の日本史という一国史の枠組みに対する疑いは全くないといってもよい。

たしかに、西嶋の東アジア世界論において舞台に登場する「アクター」は国家あるいは王朝であったから、一国史の存在はむしろ西嶋東アジア論における自明の前提であったと言えるのかも知れない。

少し見方を変えてみると、「東アジア史」という構想、あるいは歴史的世界としての東アジアという発想は、大陸の最周縁に位置した地域特有の自意識がその淵源として存在していた可能性がある。一国史の立場から敷衍すると、中国史あるいは韓国史にとって東アジア史はいかなる可能性を有するものとなるのか、そうした言説はなお未開拓の感が強い。

日本の歴史学界での東アジア世界論が、日本史を一国史の枠組から解放する試みと連動していたことは、村井章介が指摘するとおりであろう(18)。その点でも、東アジア世界論は日本史の引力圏のなかで展開してきた部分が濃厚にあることは認めねばならない。従来の歴史学研究が全体として一国史の枠組の集積という姿をとってきたことも事実である。そのような現状において、歴史的世界としての東アジアをどう構築していくかについて、きわめて示唆に富んだ近年の業績として、深谷克己の言説に触れておきたい。

日本近世史の研究者として著名な深谷は「東アジア法文明圏」という独自の分析視角を提示して、古代から近世までの日本歴史を東アジアの中に位置づけ直そうとしている(19)。日本史を東アジアの中に定位するという点では、従来の課題設定と大きく異なることがないように見えるが、深谷の議論は戦後歴史学の歩みを踏まえて、

政治や経済などの東アジア論では、日本が東アジア世界の内側にあることは問うまでもない自明の事柄とされている。しかし、歴史学的にはそのことはけっして自明ではない。歴史学が積み重ねてきた史実の論証、歴史像の構成という学問次元では、じつは日本は東アジア史内部に位置づいていない。言いかえれば、日本、日本史はアジアの諸社会とは異質なものであるという議論を深めてきている。

として、次のように述べる。

本書は…東アジア世界の歴史の中に、同じ背丈・体格を持ち、かつ個性的な目鼻立ちを持つ存在として日本史を位置づけることを意図している。その姿勢に立って、東アジアの国家や社会の歴史に通底する共通分母は何か、他には見られない日本的個性の分子は何か、その両者の関係性はどうなっているのか、つまり「日本はどのようにアジアか」という問いに対して答えようとするものである。

深谷の著書については、とくにその問題意識を中心にした成田龍一の書評がすでにある。[20] 成田はそこで戦後歴史学がはらんでいた「日本異質論」「日本特殊性論」への批判として本書を捉え、次のように整理する。

深谷は、日本近世に足がかりを持ちつつ、①（前近代を対象とする）「日本異質論」と（近現代を対象とする）「日本特殊性論」の双方に目を配り、それぞれの議論を説明した上で、②さらに日本史がヨーロッパ史に対し「遅れている事象」が、（日本にとどまらず）「アジア的」なものとされ、こんどは日本史がアジア史と近接させられることを指摘する。「アジア的特質論」―アジアの「停滞」「後れ」を「学問化」していったことを批判的に総括する。そして、③こうした説明は「「一国史」的な過程」であり、その「上位の類縁性」を東アジア規模で探らなければ、どこまでも日本の「先進性」と「異質性」から脱却できないとも論じた。

日本史をどのように東アジアに位置づけるかを問題としながら、深谷の視線はさらに総体としての東アジア史の可能性を見据えているように思える。そしてそのための方法として「比較史」の手法を踏まえた「多元主義的認識」が強く意識されている。この点において、東アジア史という「広地域史」の構想を模索する上できわめて示唆的であり、強い訴求力をもった提言となっているのである。

四

「東アジア」の語を用いてはいないが、東アジア史と密接に関わる近年の歴史学の動向として、二つの議論を取り上げておきたい。まず「海域アジア史」の提唱である。[21]「海域アジア史」は、その始動の時点で課題と対象をはっきりと宣言するという非常にエネルギッシュな営みとして開始された。中堅・若手の研究者を主要な担い手としていることもその背景にあるのだろうが、従来の歴史学に対して、きわめてチャレンジングなスタンスをとり、一国史的な枠組みからの離脱が明確に意識されている。対象とする事象の性格上、時代的には中世から近世・近代までが当面の時代幅となるのは妥当であろうし、そこに前近代と近代との懸隔・断絶を歴史学として超克しようとする戦略的な意味が込められていることも注目すべきである。しかし「海域」は空間として閉じられたものではないから、「海域アジア」の範囲は流動的にならざるをえない。むしろ「アジア」で閉じることは忌避すべきことになろう。その点で、もう一つのトレンドであるグローバルヒストリーとの接近・協業が志向されることになろうし、実際その方向での研究もおこなわれている。

そのグローバルヒストリーであるが、「東アジア史」との関連では、羽田正の指摘は重要である。[22]羽田は「東アジア」という空間概念の時代性と多様性に注意を喚起した上で、次のように警告する。

私は、いま歴史叙述によって実体化させるべきなのは、「地球」だと確信している。そこに排他的な空間があった、あるいはあるという事実自体は指摘されるべきだが、その排他的空間の存在をあらかじめ組み込んだ過去の通時的理解の叙述は、新しい世界史にはふさわしくない。新しい世界史を構想する際に「東アジア」

という空間概念を用いることには十分に慎重でありたい。

ここで羽田は「東アジア史」という構想そのものを否定しているわけではあるまい。むしろわれわれは、「広地域史」としての「東アジア史」を一つの完結した世界の自律的展開としてとらえ、「地球＝世界史」や、国家あるいは地域集団などのより小さな「地域史」と切り離して捉えることに対して、常に鋭敏な警戒心を持ち続けなければならない、という警鐘として了解すべきである。さもなければ、日本の歴史学界が蓄積してきた東アジア世界をめぐる言説は、二一世紀の「大東亜」論に変貌しかねないであろう。

最後に、歴史教育の点で、韓国の事例に触れておきたい。中等教育の科目として近年大変興味深い科目が韓国で開設されている。「東アジア史」という科目である。この科目は韓国の二〇〇七年教育課程によって選択科目として設置されたもので、〇九年、一一年の改訂でも存続し現在に至っている。[23]「東アジア史」の教科書は、天才教育、教学社、飛翔教育の三社から出版されているようだが、このうち天才教育版が二〇一五年九月に三橋広夫・三橋尚子両氏の翻訳によって明石書店から出版された。[24]

本書について、訳者は「執筆者九名のうち女性が四名を占め、また高校教員が三名執筆しているので「歴史教育的教科書」との評判が高い。さらに、「韓国史・中国史・日本史とまんべんなく研究者が配置されており専門分野に偏りがなく、韓国史の比重が相対的に低い」という点から、天才教育版を翻訳することとしたと述べている。教科書の序文には

東アジア史は世界史の一部ですが、韓国史を含む歴史です。また国や民族ではなく地域社会を単位とした歴史であるという点に特色があります。

…現在東アジア諸国の関係は、日増しに緊密になっています。相互依存性が高まるにつれ、東アジア共同体を模索する動きも出ています。しかし東アジアの国家間には領土をめぐる紛争、歴史摩擦、体制間の対立など解決しなければならない多くの問題があります。

…国家や民族という枠を抜け出し、自分と他人を区別していた視角からもう一歩踏み出し、地域世界という広い世界の中でわが国について考えてみることを勧めます。

とあって、世界と自国との間にある「広地域」の歴史としての「東アジア史」という意図がはっきりと述べられている。

具体的な構成は、「Ⅰ　国家の形成」「Ⅱ　東アジア世界の成立」「Ⅲ　国際関係の変化と支配層の再編」「Ⅳ　東アジア社会の持続と変化」「Ⅴ　近代国家樹立への模索」「Ⅵ　今日の東アジア」の大単元構成で、時代順であるとともにその時代を的確に捉えるための標題が付けられている。大単元はさらにいくつかの中単元からなるが、たとえば「Ⅳ　東アジア社会の持続と変化」は「01　17世紀前後の東アジアの戦争」「02　16～19世紀の社会変動」「03　学問と科学技術、庶民文化」「04　交易関係の変化と銀の流通」の四単元から構成される。中単元はさらにいくつかの小単元に分かれ、「02　16～19世紀の社会変動」では、「①各国の社会変化」「②商業と都市の発達」「③人口の増加」となっている。

この構成から看取されるのは、各国史の並列という形を極力避けようとしている態度である。各国別の歴史叙述は小単元のなかで初めて現れる。上述の小単元「②商業と都市の発達」は「明・清時代」「朝鮮後期」「江戸時代の日本」のごとくであり、この小単元の末尾には「巨商の成長」として開城商人・大坂商人・徽州商人がコラム的に紹介されている。

扱われる地域的範囲は、中国・朝鮮半島・日本列島が大半を占めるが、ベトナムの項目が立てられることも少なくない。ただ、モンゴル高原の情勢に言及する単元も当然見られるが多くはなく、近代以降の理解には必要だろうと思われる西洋諸国の状況はほとんど触れられない。

高校生の歴史教科書である以上、一定の制約の下での叙述にならざるを得ないのだが、それでもこうした「広地域史」を中等教育の科目として開設した先進性は、高く評価すべきであろう。この科目が、自国史と世界史の中でどのような位置を占めるものになっていくのかは、「東アジア史」が歴史学研究の枠組としてどれだけ充実したものになっていくかにかかっているのは疑いのないところであろう。

本稿でとりあげた東アジア史をめぐる言説は、もちろんほんの一部に過ぎないし、議論も不熟のまま、時として相反する私見を連ねた部分もある。ただ、歴史研究の枠組としての「東アジア史」の可能性を考えるうえで、その射程を拡げるための一助ともなれば幸いであり、「覚書」と題した所以でもある。

注

（1）念のために附言しておくと、鳩山由紀夫氏を理事長とする「一般社団法人　東アジア共同体研究所」は現在も活動を継続している。

（2）藤田高夫（二〇〇八）。

（3）桑原隲蔵（一八九八）。以下、桑原隲蔵『中等東洋史』の引用は、『桑原隲蔵全集』第四巻による。

（4）桑原（一八九八）「解説」。

（5）この点については、吉澤誠一郎（二〇〇六）が的確に指摘しており、藤田高夫（二〇〇九）でも論じたことがある。

（6）西嶋（一九六二）、西嶋（一九七〇）、西嶋（一九七五・七六）。

（7）前田直典（一九四八）。

（8）上原専禄（一九六〇）。
（9）この三文明圏の並立について、「これら三つの文明圏は、それぞれ独自の世界であり、各々の世界ごとに独自の歴史が展開された」と明言する。
（10）李成市（二〇一六）。
（11）李成市（二〇〇八）。
（12）このことを、一九五〇年代から六〇年代前半にかけての日本の現実、すなわち冷戦体制のもとでアメリカとの結びつきを深めながら、その一方で東アジアの諸国（それらは当時中国本土と台湾、南北ベトナム、韓国と北朝鮮のように国家として分断されていた）との関係を構築し得ない状況への反発の現れとみることもできよう。
（13）西嶋定生（一九八〇）。
（14）荒野泰典（二〇〇五）。
（15）なお『増補華夷通商考』では朝鮮半島は中華の中に包摂されている。これは『善隣国宝記』以来の日本の伝統的認識の表れでもあろう。
（16）荒野泰典・石井正敏・村井章介（一九九二）。
（17）李成市（二〇一六）。
（18）村井章介（一九九八）。
（19）深谷克己（二〇一二）。
（20）成田龍一（二〇一三）。
（21）桃木至朗他（二〇〇八）。
（22）羽田正（二〇一六）。
（23）二〇一五年一一月に韓国・慶尚大学校を訪問した折に、歴史系の四〇人ほどの学生に尋ねたところ、三名がこの科目を履修しており、うち一名はこの科目で修学能力試験を受験していた。
（24）アン・ビョンウ他（二〇一五）。

《参考文献一覧》

荒野泰典（二〇〇五）「近世日本における「東アジア」の「発見」」貴志俊彦・荒野泰典・小風秀雅編『「東アジア」の時代性』、溪水社。

荒野泰典・石井正敏・村井章介（一九九二）「時期区分論」荒野泰典・石井正敏・村井章介編『アジアの中の日本史』Ⅰアジアと日本、東京大学出版会。

アン・ビョンウ他（二〇一四）『東アジアの歴史』（世界の教科書シリーズ四二）三橋広夫・三橋尚子訳、明石書店。

上原専禄（一九六〇）『日本国民の世界史』、岩波書店。

桑原隲蔵（一八九八）『中等東洋史』、大日本図書。↓『桑原隲蔵全集』第四巻、岩波書店、一九六八年。

成田龍一（二〇一三）（書評）「深谷克己『東アジア法文明圏の中の日本史』、あるいは二一世紀初頭に東アジアを論ずることについて」『UP』二〇一三年三月号。

西嶋定生（一九六二）「東アジア世界と冊封体制―六～八世紀の東アジア―」『岩波講座日本歴史』第二巻、古代二。↓西嶋定生（李成市編）『古代東アジア世界と日本』岩波現代文庫、二〇〇一年。

西嶋定生（一九七〇）「序説―東アジア世界の形成」『岩波講座世界歴史』第四巻、古代四。↓西嶋定生（李成市編）『古代東アジア世界と日本』岩波現代文庫、二〇〇一年。

西嶋定生（一九七五・七六）「東アジア世界と日本」『歴史公論』創刊号～第二巻一一号。↓西嶋定生（李成市編）『古代東アジア世界と日本』岩波現代文庫、二〇〇一年。

西嶋定生（一九八〇）「序言」『東アジアにおける日本古代史講座』第一巻、学生社、一九八〇年。

羽田正（二〇一六）「新しい世界史と地域史」、羽田正編『グローバルヒストリーと東アジア史』、東京大学出版会。

深谷克己（二〇一二）『東アジア法文明圏の中の日本史』、岩波書店。

藤田高夫（二〇〇八）「東アジア文化交渉学の構築にむけて」『東アジア文化交渉研究』創刊号。

藤田高夫（二〇〇九）「日本における「東洋史」の成立―近代日本における東アジア研究を考えるために―」松浦章編『東アジア文化交流と経典詮釈』、関西大学アジア文化交流研究センター。

藤田高夫（二〇一一）「東亜的共時性」王勇編『東亜文化的伝承与揚棄』、中国書籍出版社。

前田直典（一九四八）「東アジヤに於ける古代の終末」『歴史』第一巻四号。→前田直典『元朝史の研究』東京大学出版会、一九七三年。

村井章介（一九九八）「〈地域〉と国家の視点」『新しい歴史学のために』二三〇・二三一合併号。

桃木至朗編（二〇〇八）『海域アジア史研究入門』岩波書店。

吉澤誠一郎（二〇〇六）「東洋史学の形成と中国―桑原隲蔵の場合」岸本美緒編『岩波講座「帝国」日本の学知』第三巻　東洋学の磁場、岩波書店。

李成市（二〇〇八）「古代東アジア世界論再考―地域文化圏の形成を中心に―」『歴史評論』二〇〇八年五月号（№６９７）。

李成市（二〇一六）「東アジア世界論と日本史」『岩波講座日本歴史』第二二巻　歴史学の現在、岩波書店。

宮崎市定と『大東亜史概説』について

呂　超

周知のように、宮崎市定（一九〇一―一九九五）は戦後日本における中国史研究の巨擘である。彼は歴史学者として常に通史的な視点に立って研究に取り組んだが、それは個別の歴史事実をどこまでも実証に基づいて研究する学問姿勢を示すものであった。宮崎の中国研究の最も大きな特徴として挙げられるのは、一国史の枠組みを超えた世界史の視野で中国史を把握することである。宮崎の世界史構想の基本的な枠組みが提出されたのは、一九四〇年前後である。そのような構想の枠組みと後の『大東亜史概説』の内容とを比べてわかるように、両者の類似点が少なくないのである。『大東亜史概説』の編纂に携った経験は、その後の宮崎の世界史・アジア史への構想の細部にわたる考えを体系化させたと言えるであろう。

宮崎は、一九三九年に日本の内閣直属の国策機関の東亜研究所から異民族の中国支配と深く関わる「清朝の法制と官吏登用法」というような研究を委託されたが、その成果として戦後に世に問うたのが『科挙史』である。

一九四一年、宮崎は同研究所から「英仏連合軍の北京侵入事件の調査」という研究を委ねられた。さらに、一九四二年に、日本の文部省は『大東亜史概説』の編纂に取り組み、宮崎がその編修の一人として委託された。戦後、宮崎は戦時中に書き下ろした原稿を出版社に渡し、『アジア史概説　正編』として刊行した。歴史は世界史であるべきだという宮崎の論調もこの時期における政府主導の修史事業に関与した経験と密接な関係がないわけではない。以下は、『大東亜史概説』の編纂事業の経緯と宮崎の関与とを回顧しながら、宮崎の思想転換の軌跡を考察するものである。

一　『大東亜史概説』の編纂事業

戦時中、日本の学界は戦時学術体制の統制の下に置かれ、政府・軍部の主導の下で、学者たちはこぞって日本によるアジアへの積極的な侵略活動を正当化させる理論を構築し、研究活動を日本の侵略行動と結びつけて進めていった。例を挙げれば、日本の海軍と密接な関係をもっている「京都学派」の高山岩男（一九〇五―一九九三）の『世界史の哲学』（一九四二）や西谷啓治（一九〇〇―一九九〇）の『世界史の理論』（一九四四）などはそれであり、彼らはヨーロッパ中心の世界体系を哲学的理論で解体させ、日本主導の世界史像の構築に力点を置いたから、「世界史の哲学」派とも呼ばれたのである。それに、江澤譲爾（一九〇七―一九七五）の『地政学概論』（一九四三）も日本の南方地域への軍事行動を地政学の理論をもって正当化している。

史学の立場にたつ日本史研究者は、「皇国史観」の下で、歴史研究を展開したのである。文部省が主宰する一九四一年に発足した『国史概説』の編纂事業は、日本史研究者を総動員しての「皇国史観」による皇国日本史像の構築にほかならなかった。そして、一九四二年に、文部省教育局は『国史概説』の姉妹篇として『大東亜史概説』の編纂事業を開始し[2]、東京帝国大学の鈴木俊（一九〇四―一九七五）と山本達郎（一九一〇―二〇〇一）、そして、京都帝国大学の宮崎市定と安部健夫（一九〇三―一九五九）とに、編纂嘱託を委託したほか、三三名の調査委託からなる編纂関係者を選定し、同年の七月二一日に、「文相官邸で第一回全体会議が開かれ、編纂要項・要目が決定された」[3]。編纂要項は、「趣旨」、「編纂方針」、「編纂ノ方法」と「程度及び體裁」という四部分から構成されている。その「趣旨」と「編纂方針」とは、宮崎の思想転換と密接に関連しているので、それを次に引用してみたい。

まず、編纂の「趣旨」を見よう。

大東亜戦争ノ意義ニ鑑ミ日本　世界観ニ基ク大東亜一體観ノ立場ヨリ大東亜ノ歴史ト其意義トテ明カニシ、ソノ文化ノ特質ト諸民族隆替ノ様相ヲ探ネ特ニ我国トノ関係及欧米諸国ノアジヤ経略ノ実情ヲ明確ニシ以テ我国民ノ自覚トアジヤ諸民族ノ奮起トヲ促シ大東亜新秩序建設ニ實センガ為大東亜史ヲ編纂セントス[4]

とある。そして、「編纂方針」は以下のようである。

イ、日本世界観ニ基ク大東亜一體観ノ立場ヨリ大東亜ノ歴史及ビ文化ノ特質ヲ闡明シ、我国ノ大東亜ニ於ケル歴史的使命ヲ明確ナラシムルコトロ、アジヤ諸民族相互ノ関係ヲ明カナラシムルト共ニ欧米各国ノ東方経略ノ様相ヲ詳カニシ我国ノ大東亜ニ於ケル地位ヲ闡明スルコト

ハ、大東亜新秩序建設ノ世界史的意図ヲ明瞭ナラシムルコト(5)

これは、いわゆる「大東亜戦争」における日本の侵略行動を正当化するため、ヨーロッパとアメリカと戦い、欧米中心的世界秩序からアジア各国を「解放」する日本主導の「大東亜新秩序」を建設しようという看板を打ち出したものである。編集主任を委託された鈴木俊氏が、文部省の『大東亜史概説』編纂意図を露骨に表現している。

これに対して、今次の大東亜戦争は、かかる矛盾を打破し、八紘為宇の精神を以て、アジヤの諸民族を西洋列強の魔手より解放し、彼等をして各々その處を得しめ、大東亜の共存共栄の實を挙げんとする聖戦である。（中略）併し、大東亜の勃発は、さういふ形勢に大なる変化を齎しつつある。即ち、大東亜共栄圏の樹立により、今や日本文化が共栄圏内の諸国・諸民族に光被し、将に文化的に一つの世界が形成せんとしてゐる事実こそは、それに対する有力な回答であらう(6)。

こういう編纂の方針は、前述の「世界史の哲学」派の高山氏らの唱える「世界的世界史」や、平野義太郎氏が提唱した「東亜協同体」論などとの共通性が窺えよう。換言すれば、『大東亜史概説』というのは、日本による「大東亜新秩序」の正当化を目指す哲学的営みに対し、いわゆる「大東亜共栄圏」理念を歴史的に合理化させるた

めの産物なのである。この編纂事業について、「文部省の最大の眼目は、これまで西洋諸国の陰謀による史学思想が日本思想界にも深刻な害悪を流しつづけているので、これらの悪弊をすべて洗浄して、新たに皇国史観による新史学を樹立し、成書の暁には日本国民のみならず、大東亜共栄圏の各民族にもよませようという、甚だ遠大な企画(7)」であったと宮崎が回想している。『大東亜史概説』という著作は、日本による植民地への思想統制策の一環として、イデオロギー的アジア地域の歴史像を構築した産物にほかならなかった。敗戦までの日本のアジア研究は、国家の帝国主義的侵略活動が及ぶ範囲の拡大にしたがってその研究の視線が広がっていくという特徴をもっている(8)。

しかし、一九四四年六月鈴木俊氏が「教育科学研究会事件」に連座して治安維持法違反容疑で検挙され、八月に鈴木氏が一切の公職を追放されて、その事件が『大東亜史概説』の編纂事業に甚大な打撃をもたらした。一九四五年に日本は敗戦を迎えて、『大東亜史概説』は出版されることなく、その事業は幻に終わる。戦後、宮崎が「戦争中にできたプリントのままを原稿として」出版社に渡し、「それ以後の手は殆ど加わっていない」と表明している。それが、一九四七年に刊行した『アジヤ史概説　正編』である。三章からなる本書の構成は、前述の「大東亜史編纂要目」の「前編・前期」の三章に該当する。

二　宮崎における『大東亜史概説』編纂事業への関与

前述のように、宮崎は編修嘱託を委託されたが、「大東亜史編纂要項」によると、編纂嘱託は以下のような仕事を担当している。

編纂嘱託若干名ヲ委嘱シ、ソノ中ヨリ各期ノ編纂主任ヲ定ム。

編纂主任ハ要目ヲ作成シ、編纂嘱託ト共ニ執筆ヲ担當シ且ツ原稿ノ整理ニ當ル。但シ部分的ニハ他ノ適當ナル者ヲシテ執筆セシム。[9]

これを見ると、一応は編纂嘱託が執筆するものの、本の内容によっては適当な執筆者に依頼し、各執筆者が書いた原稿を集めて編纂主任と編纂嘱託と共に原稿を整理する、というように『大東亜史概説』の編纂は編纂嘱託が中心的役割を担う形で進められた。以下では、それについて、宮崎の回想を合わせて考察を行おう。

宮崎によると、文部省教学局が「大東亜史編纂部」を設立し、[10]東京の池内宏氏（一八七八―一九五二）と京都の羽田亨氏（一八八二―一九五五）とがその責任者に任命され、すでにふれたように、鈴木俊、山本達郎、宮崎市定と安部健夫との四氏が編纂嘱託を委託された。文部省による大東亜史の構想は、「その範囲は従ってインド以東であり、いわばアジア大陸の東半分をば、日本を扇の要のように中心におき、皇国文化が西へ光被して行く歴史」[11]であった。併し、歴史的事実と異なる歴史は書けないと四人の担当者が議論を繰り返したのだが、その際、「両教授は文部省側の意図する皇国史観の導入を防止するのに大わらわ」[12]であったと宮崎が回想している。四人が相談した結果、彼等は、文部省の構想案の代わりに、「東亜史の範囲をずっと拡大してアジア史とし、アジアの文化は西アジアに発生し、（中略）東へ進む毎に立派なものに浄化され、最後に日本に於て世界に冠絶する立派な文化が成立」[13]するという代案を出し、それが文部省によって許可された。当時の編集担当の一人であった山本氏が

「先学を語る—鈴木俊先生—」という座談会に参加した時の回想は、宮崎の回想とほぼ合致している。

文部省の許可を得た代案に基づいて、宮崎を含む編修者四人が「編・章・節にわったプランを立て、各項目毎に専門家を選んで執筆を依頼し、その原稿を四人で分担してリライト」[14]し、そして、宮崎の担当部分は「古代から十世紀、唐末に当たる時代まで」の内容であった。「編・章・節にわったプラン」とあるが、それは、「大東亜史編纂要目」であり、それによると、『大東亜史概説』は、「序論」と「前編　前期・後期」、「後編　前期・後期」から構成されている。そういう形で編纂を進めはしたものの、外部の専門家に執筆を依頼した原稿は編修者らの意図に合わなかった。

ところが集まった原稿の多くは決して我々が期待したようなものではなかった。殆どの部分は苦心して新しく書き下さなければならなかった。それを更にプリントして調査員に配り、意見を聞いた上でまた手を加える筈であったが、最後の段階は私には任されず、別の方が加筆に当たられることになった。[15]

以上からわかるように、宮崎によると、彼は、外部専門家による原稿を修正してそれをプリントしたが、修正を加えたことが原因して、彼は「嘱託を解かれ」、その仕事が終わったということである。『志水義暲文庫』に所蔵されている原稿が、それである。残された原稿は、『大東亜史概説』の「序章」と「第一章」しかないが、各章の初頁に「第一回整理済」という押印があり、その原稿はタイプ版で、それに加筆したものである。

ただ、ここで看過できない問題は、日本を軸に文化が西へ広がるという「大東亜史」についての文部省が定めた最初の編纂の構想に対して、「四人でいろいろ相談した結果、日本の文明が大陸を感化したというような歴史は、歴史学の常識に外れるから造れない[16]」という見識である。そして、前述のように、逆に最も長い悠久の歴史をもつ西アジアを文明の発祥地として、東アジアの範囲に限らず、アジア全域に及ぶ歴史を構成するという発想が出てきたことは注目に値する。しかし、問題となるのは、西アジア地域を文明の発祥地にするという構想がいったい誰によって提出されたのか、という点である。宮崎の回想を見れば、それはあまりにも曖昧で、細かいところに触れていない。現在の時点で、その面談の記録を見ないとこの問題は判明できないだろう。しかし、注意しておきたいのは、宮崎が随分早い時期から西アジア地域へ強い関心を払っていたことである。京都帝国大学在学中の宮崎は、西域史に深い造詣をもつ桑原隲蔵氏に追随して勉強し、さらに、西域史を扱う羽田亨氏の影響を受け、西アジアに関心をもつようになった、と、宮崎自身が何度も表明している。それだけでなく、一九三七年には在外研究員としてフランスに滞在中の宮崎が、独りで西アジアの各国の歴訪を敢行したが、このことは彼における西アジアへの関心の強さをもの語っている。宮崎は、西アジア地域を訪ね、西アジアにおける歴史上の先進性に強い印象を残し、同時に西アジアと中国とが古い時代から交流をもっていたことをも確認して帰った。さらに驚くべきことは、宮崎がフランスに滞在中、当地の東洋語学校で意欲的にアラビア語を勉強したことである。フランスから日本に帰国した宮崎は、一九三九年一年間で、「条支と大秦と西海[17]」、「バルカンの印象」、「波高き地中海」といった西域に深く関わる文章を書き下ろし、さらに、一九四四年に、宮崎の西アジア大旅行の見聞の記録と西アジアの歴史を簡略的に叙述した「西アジア史の展望」とを一冊の著作にまとめて『菩薩蛮記』として出版し、その後も、宮崎は終始西アジアへの関心を続け、京都大学の西南アジア史研究会の副会長を務め、同学会の機関誌『西南アジア史研究』の創刊にも力を尽くしたのである。このように、西アジア史への関心は彼の生涯を貫いていたと言ってよい。

宮崎が「戦争中にできたプリントのままを原稿として」出版社に渡し、「それ以後の手は殆ど加わっていない」[18]と表明している著作こそ、一九四七年に刊行された『アジヤ史概説　正編』にほかならない。周知のように、戦後日本では、ＧＨＱ（連合国総司令部）の主導の下で、民主化改革を遂行したのである。一九四六年に、ＧＨＱは軍国主義者の公職追放と超国家主義団体の解散の指令を下した。その際、文部省から「大東亜史関係史料」を処分するようにという内示を受けた宮崎は[19]、「この原稿は非常に執着のあるものであり、また学問的にもきっと役立つものである」[20]と信じ、それを大切に保管した。翌年、安部氏の提議で、宮崎は「日本はまだ占領軍の支配下にあり、実際に何が起るか分からない状態」であったが、まとめた原稿を出版社に渡し、「これはいわゆる大東亜史の原稿をあらかたそのまま活字にしたので、殆ど手をいれていない。私はこれによって戦時中のこととは言え、あんまりおかしな本を造ろうとしていたのでないことを一般に知って貰いたかった」[21]と述べている。しかし、ここで「殆ど手をいれていない」と語ってはいるが、どれほど原稿の元の姿を保ってきたのだろうか。以下は、『アジヤ史概説　正編』（以下は『正編』と略称）の第一章の内容を、残された『大東亜史概説』の原稿と比較し、何が削除され、何が保留されたのかを考察しながら、宮崎における思想上の変貌を明らかにしたい。

三　皇国史観に関わる内容の削除

上述のように、『大東亜史概説』は、まさに一九四一年に日本が断行した太平洋戦争と東南アジア地域への進出という状況への後追い的な合理化の産物である。本書における、「大東亜」という政治的まとまりの地域としての歴史的合理化と地域リーダーとしての日本のアジア支配の正当化とを目指す性格を端的に表しているのが、その「序論　大東亜史の構想」である。「大東亜史の理念」、「大東亜の地理」、「大東亜の民族」、「大東亜の文化」、「大東亜史の時代」と「日本の使命」といった六節からなるこの「序論」は、七二頁にわたっており、前述の「大東亜史編纂要目」を具体化した編纂指針となる『大東亜史概説』の総体像である。しかし、現時点では、「序論」の執筆者は不明である。ところが、『正編』には、この「序論」がないのである。恐らく『正編』を刊行するにあたって、意識的に削除されたのであろう。「序論」の代わりに、宮崎は「緒論」を新たに書き加えている。

この『大東亜史概説』についての先行研究としては、前掲の奈須氏の「戦時下日本における「大東亜史」構想——『大東亜史概説』編纂の試みに着目して——」が挙げられるが、当論文は、「序論」を対象に「大東亜史」構想の特色とその構想の背景について詳細な分析を加えたものである。要点は以下のようにまとめられる。

第一、風土から説明する視点。地理的説明を文化的説明の前提として置いた点であると考えられる。そして、「大東亜」というまとまりの根拠づけも、乾燥と湿潤という風土的類型に求めていたことがわかる。湿潤地帯に発生した農耕民族と乾燥地帯をもととする遊牧民族の対立や交渉の変遷が説明の基軸とされていた。

第二、民族についての区分の視点。民族に関する、いわば、序列づけが入り込んでいるように思われる。

第三、民族の交渉の視点である。農耕民族と遊牧民族の対立や交渉から「大東亜史」を組み立てていこうという方向性が見て取れる。[22]

奈須氏は『大東亜史概説』に見られる視点の特徴を、このように分析している。さらに、本書における記述上の特徴を以下のように論じている。

第一に、最初から歴史の叙述に入るのではなく、地理、民族、言語、宗教などの総合的角度からアジアという地域を分析し説明しようという方向性が見られるということ。

第二に、東アジア中心ではなく、特に西アジア等、回教文化圏についての記述が豊富であるということ。[23]

と。その分析の結果、奈須氏は、「歴史の説明への風土的類型の導入に代表されるように、「大東亜」に含まれる地域とその人々を序列化し、そこでの支配‐被支配関係を「正当化」する、学問的でもっともらしい方法に他ならなかった[24]」と結論づけている。しかし奈須氏の論文は、『大東亜史概説』の「序論」の特徴を歴史教育史的な視点で見事に捉えてはいるが、その特徴を分析することに留まっていて、当該理論の構造上の特質を十分に検討したとは言い難い。若干の補充をすると、ここで銘記しておかなければならないことは、『大東亜史概説』の編纂事業の発足の直接契機である。それは紛れもなく「大東亜戦争」であることは確かなことであり、特に、この戦争が、日本の資源供給の目的を帯びた軍事行動による「南方」領有に伴う侵略地域の拡大のため、従来の中国を中心とする東洋史の枠を越えた歴史的地域概念を構成する営みであったことである。言い換えれば、「大東亜戦争」が勃発する以前に、既に皇国史観に基づく南進政策として唱えられていた「大東亜共栄圏」という理念の合理化にほかならなかった。要するに、皇国史観と「大東亜共栄圏」とが当該編纂事業の不可欠の両要素であったわけである。詳細に言えば、「序論」六節の前五節の議論を通じて一つの結論に帰結し、それが第六節の「日本の使命」として表明されたのである。

大東亜史の過去の歴史を憶ひ、その将来を考えるとき、当然大東亜に於ける日本の位置と使命とを想はざるを得ない。支那及び印度等の現状と、日本を中核とする大東亜共栄圏確立のための努力とは、日本の使命の那辺に存するかを教えている。併しその明確な規定は次の三つの點よりする考察を必要とする。即ち（一）大東亜文化の共通性、（二）日本の独自性、（三）日本の使命。[25]

以上からわかることは、大東亜史の構造は、「大東亜」という地理的地域であるだけではなく、歴史的地域としての成立の可能性を論じ、それを前提に、日本こそが東西文化を融合することができるのみならず、「万世一系」の「神国性」を持っているから、西洋のアジア侵略に対抗して、アジア各地域を西洋の支配から「解放」する「使命」がおのずとこの日本国に課せられた、という論理であったことである。皇国史観の立場に立つ論述を具体的に示せば、以下のようになろう。上述の「（一）大東亜文化の共通性」についてだが、「大東亜の諸文化を貫く共通性は、絶対者に対する帰依の感情」であることを明示し、それを奈須氏のいう「風土からの視点」だけではなく、いわゆる「大東亜」という一つの整体性のある地域を「交渉」の視点に立って捉え、「交渉」こそが各地域の孤立性を打破させるものであり、それを「大東亜」という広い地域概念を成立させる根拠となることを明示したことであり、他方、「大東亜文化の共通性」の特質のもう一つの側面としては、東洋文化が西洋文化とは異なる特質を備えており、「これは欧米の文化が物に傾いた文化であるのに対して、東亜の文化が魂に徹した文化であると言われる所以[26]」を示したことである。岡倉天心の「アジアは一つである」という文明論的理念を利用していることが窺えよう。

日本の独自性について言えば、日本は万世一系の神国であること、つまり「日本は支那と印度とに共通する東亜的性格を保持しながら、独自の日本的性格を発揮」したのみならず、さらにそれを「内在しつつ超越」して「古来幾千載、皇統連綿」な神国であることを示し、したがって日本国は盟主としてアジアに君臨するのが当然の使命という結論に帰結している。[27] ここには、日本のアジア支配を正当化させる指向性が端的に反映されていること、そして「大東亜」地域の特質として、文明的地域と政治的地域とがその表裏をなし、歴史学と地理学とが結びついた歴史地理学的性格が窺える。

加えて、出版の時点で、「序論」以外に、第一章の本文の中の皇国史観に関わる内容も削除された他、章と章との切れ目にある日本に関する内容、即ち第一章の第五節「古代日本とその比隣」、第二章の第五節「日本の大陸登場とその活躍」、第三章第五節「日本文化の展開」という内容も削られたのである。

四　「序論」に見られる「宮崎要素」

先にもふれたように、この「序論」が誰によって執筆されたかは不明である。併し、「序論」を考察すれば、宮崎の学問的特質が幾つか見て取れる。

四―一　古代史論のこと

「序論」の第五節において、「諸文化圏発生成立時代」という項目があり、その中では、中国における殷から春秋・戦国をへて、秦帝国に至る時期を、「小国家が並んで成立し、次に相互に対立抗争し、終わりに大国によって統一される」という図式で捉え、さらにそれが「都市国家群から大領土国家の成立にいたる[28]」時代であると論じている。「都市国家」という概念はもともと西洋史において使用されていることは周知のところであろう。しかし、宮崎は、「都市国家」がアジア地域における西アジアや、中国の古代史上にも存在したことを主張し、それが、彼の古代史論の基本的立場となった。一九四〇年の第二五巻第四号の『史林』に掲載された、宮崎の「東洋のルネッサンスと西洋のルネッサンス[29]」という論文の「緒論」において、宮崎が初めて彼の古代史に対する認識を披瀝した。

古代とは人類が原始的な部族生活より脱して、都市国家を形造り、それが発達して数十個、数百個の都市国家を含む一領域を支配する大帝国の実現に至る迄の時代である。[30]

以上のように、都市国家から大帝国へ至る古代発展の図式が宮崎の持論となり、後に述べるように、こうした古代史認識が彼の生涯を貫くことになった。しかし、ここでは、宮崎は古代史の発展にふれるにとどまり、深い議論を展開せずに終わっている。また、『正編』の宮崎による新「緒論」において、彼は都市国家論にふれてはいるものの、詳しい説明を加えていない。しかし、『正編』第一章の第二節「古代ペルシヤ及びその傍近諸国の文化」の中に、「古代史的発展」という項目があり、これは「原稿」に無いものであり、出版する前に宮崎が書き加えたものであろう。この部分で、彼は古代史の発展の図式を端的に表している。

所謂古代史的発展とは原始的都市国家対立の状態より、次第に大領土国家に統合されゆく過程である。蓋し大領土国家は決して突然に或は偶然に成立せしものでなく、その出現までには社会的・経済的・物質的・精神的の準備を必要とする。即ち戦術や武器や生産力や政治技術や人生観やが、相当に進歩したる暁でなければ大領土の統治は実現不可能なのである。(31)

このような古代史の図式が、西アジア、中国とヨーロッパとの各地域の発展過程において共通しているものである、という宮崎の主張は以下のように示している。

スメル時代よりペルシヤ古王朝に至る間は、分立より統一へ、小なる統一より大なる統一へと発展しゆく試練の時代であつたのである。之は後世、ヨーロッパに於いてはギリシヤ都市国家よりローマによる大統一までの間に当り、中国に於いては春秋時代の都市国家対立の中から漢帝国出現に至る期間に対応する。(32)

以上から見てわかることは、宮崎が西アジア、中国とヨーロッパとの古代歴史発展の過程を世界史の次元で捉え、異なる地域であっても同様の歴史発展の図式が存することを論じていることである。そして、『正編』と『大東亜史概説』の原稿(以下は「原稿」と記する)とを比較すると、宮崎がアジア各地の古代歴史を自身の古代史論をもって捉え返し、該当部分の「原稿」を書き直したことがわかる。

「原稿」：アーリヤ人はパンジャブ地方を平定して更に東に向ひ、土地肥沃なガンガ河流域の平野に進出した。當時、強力な統一国家はまだ形成されず、多数の部族に分かれてゐたが相集つて聯合し、覇王の統率の下に互に勢力を争つていた。[33]

『正編』：西北インドに侵入したアリアン民族は、パンジャブ地方の平定を終ると更に東に向ひ、土地肥沃なガンヂス河流域の平野に進出した。こより《(ママ)》先、パンジャプ《(ママ)》経営時代、彼等は既にタクシラなどの都市を建設したが、ガンヂス平野では一層有力な都市国家が出現し、同血縁の都市が相集つて国家連合を形成し、覇王の統率の下に互に指導権を争つて相闘争した。[34]

この二つの文章を比較してみれば、言葉遣いに変化は認められるが、総体的に意味内容は変わっていないことが見て取れる。特に、前文にある「多数の部族に分かれてゐたが相集つて聯合し」と次の文の「一層有力な都市国家が出現し」とを比べれば、宮崎が都市国家論でアジア史を捉えていることがわかる。宮崎は、一九四〇年に執筆した「東洋のルネッサンスと西洋のルネッサンス」[35]という論文の中で、ルネッサンス現象は最初に西アジアに、次に中国に、そして最後にヨーロッパにおいて発生したといった具合に、各地域において先行文明との交渉にルネッサンスの継起現象があることを力説しているが、それとこの二つの文章とを結び併せてみれば、宮崎が歴史上における世界各地域の間での孤立性を「交渉」の視点によって克服して、彼独自の世界史体系を構築していることがわかる。換言すれば、こうした古代史論が、宮崎の世界史体系における時代区分の出発点となり、彼の学問体系における中世と近世が持つ意義もまさにこういう古代史の成立を前提としている。宮崎の古代史における都市国家論の成立の原点を遡れば、彼の「支那城郭の起源異説」（一九三三）が視野に入ってくる。当論文は、中国の古典に基づいて、漢代までの中国古代都市の形を考察して、「吾人は之を希臘・羅馬など西洋の城郭の発達に比較して非常に共通な點の多い所に無限の興味を感じる」[36]との結論に到達しているが、まだ「都市国家」という言葉は使っていなかった。この言葉が宮崎の著作に初出したのは、一九三四年刊行された「遊侠に就て」という論文であった。先述の「東洋のルネッサンスと西洋のルネッサンス」という論文より以前に出版された『東洋における素朴主義の民族と文明主義の社会』（一九四〇年四月初版。以下は『素朴主義と文明主義』と略称する。）を見ると、「春秋時代の中国は古代ギリシャの状態とほとんど大差なき城郭国家の対立であり、個々の都市国家の間の対立意識が極めて旺盛であって、容易に他国、殊に異民族国家の支配の下に立つを肯じない」[37]というように、確かに「都市国家」という概念は使用されているものの、単なる概念提示に止まっていて、それを説明していないだけではなく、この時点では、彼は「城郭生活」や「都市生活」や、「城郭国家」といったような言葉を使っているに過ぎず、古代都市国家論としては未熟なものに終わっている。一九四〇年一一月に前述のルネッサンスを論述した論文において、初めて「都市国家」という言葉を頻繁に使用し始めたのである。後に述べるように、『大東亜史概説』の編纂委託を契機として、都市国家論への認識が深まっていったが、更に、その結果として『正編』に見られる都市国家論へと展開したのである。さらに、それを基礎に、古代史論を出発点とした宮崎の世界史時代区分論が、『東洋の近世』（一九五〇）、「中国古代史概論」（一九五五）を経て「世界史序説」（一九五九）で成熟するに到った。この都市国家論はそれ以後、宮崎の生涯の持論となる。[38]

四－二　時代区分のこと

「原稿」の「序論」の第三節「大東亜の民族」の中に「支那民族」という項目があり、そこで中国の歴史時代が三分されている。第一期は、中国民族の発生から晋までの漢民族の文化が東西両方向に伝わる時期である。第二期は、南北朝から隋唐・五代までの「一方支那民族の江南への浸透の時であり、他面北方また西方より異民族と佛教等の異文化の流入する[39]」時期である。第三期は、「遼・金・元の圧迫の下に、宋において始まり、明・清を受け継がれて近代支那を構成」した時期である。宮崎は、内藤湖南の時代区分論を継承し、特に内藤の「唐宋変革説」（宋代以降近世説）という理論を発展させた主役であり、それは、宮崎が一般的に内藤の弟子とされる所以である。ともかく、内藤の「文化波動論」に基づく時代区分論を行った[40]。

ここにおいては、内藤は文化を基準に中国史の時代区分を行い、中国文化が発生、発展して周辺に伝わり、周りの未開民族がその刺激を受けて成長し、逆に中国へ侵入するという図式を描いた。宮崎はその時代区分論を継承し、それを踏まえて、前述の『素朴主義と文明主義』を世にあらわした。内藤の時代区分論と「原稿」とを比べれば、各時代の切れ目が一致しているのみならず、叙述が多少違っているが、区分の基準が一致していることは看過できない。また、「序論」の第五節「大東亜史の時代」においては、「大東亜史」を以下のように五つの時代に分けている[41]。

第一　諸文化圏発生成立時代
第二　諸文化圏交渉交流時代
第三　乾燥地帯民族活躍時代

第四　亜欧文化交渉時代
第五　大東亜共栄圏時代

「第一　諸文化圏発生成立時代」とは、古代史に相当する時期で、「各国毎にまづ幾多の小国家が相並んで成立し、次に相互に対立抗争し、終わりに大国によって統一されるに至る期間」であり、それは「部落・都市国家群から大領土国家の成立に至る時代[42]」である。上記の『正編』にある都市国家論についての論述と併せて見れば、宮崎における都市国家論の成立の軌跡がより鮮明になってきたことがわかる。『大東亜史概説』編纂事業への関与は、彼における古代史の都市国家論の認識を深化させたわけである。「第二　諸文化圏交渉交流時代」というのは、いわゆる「大東亜」地域は単に地理的地域だけではなく、歴史的地域でもあることを論述するものである。「第三　乾燥地帯民族活躍時代」は、すなわち「蒙古族、トルコ民族の活発な運動があり、やや間をおいて満洲民族による清朝の建設があるのである。支那史では所謂近古で、宋から明末清初にいたる時代[43]」である。そのなかに「近古」とあるが、それは前述の「近世」と比べて表記だけが違っているに過ぎない。「第四　亜欧文化交渉時代」とは、文字通りヨーロッパ勢力の東漸の時代である。繰り返し言うが、内藤湖南の時代区分論を継承した宮崎は、さらにそれを発展させた。彼は、近世をさらに二分して、産業革命以降を最近世とする。彼におけるこういう観点に初めて言及したのは、先述のルネッサンスを扱う論文である。

産業革命こそは後進の西洋世界をして、他の先進二世界を蹴落して、全世界的覇権を確立せしむる契機をなしたものである。若しも産業革命以後を最近世と名付くるならば、その開始の順序はこれ迄とは全く逆に、

西洋最も古く、東洋之に次ぎ、イスラム世界は最も遅れて、未だ最近世への入り口にて戸迷いしつつある態たらくである。(44)

ここで宮崎は「最近世」という概念に言及しているが、彼における時代区分論の全体像はまだ形成に至っていない。『正編』につづき『アジヤ史概説　続編』(以下は『続編』と略す)が刊行されたのは、一九四八年であった。『正編』と違って、『続編』は宮崎独自の構想によるもので、彼のアジア認識を明確に吐露している。本書は、「第四章　近世的ナショナリズム」、「第五章　近世文化の展開」、「第六章　最近世の文化の東漸」と「第七章　アジヤ史上における日本」の四章からなっている。その内、第四、五、六章が扱う内容は上記の「大東亜史」時代区分の第三、四の時期にあたる。そして、『続編』の「結語」において漸く宮崎は、初めて最近世史の意味に関して明確に披瀝したのである。ここに到って、宮崎の歴史時代区分における四分法が成熟し、それが彼の生涯の持論となった。「第七章　アジヤ史上における日本」を付加したのは、日本史を東洋史、アジア史から独立させて考える日本の従来の日本史学の伝統に対抗して、宮崎が独自の立場を表明する意図があったと見做してよいであろう。戦後のアジアにおける日本の位置づけが問われる時点で、宮崎のこうした学問姿勢はどのように見なされるかという点について、最後に少し触れてみたい。

四―三　日本民族の素朴性のこと

「序論」の「第六節　日本の使命」の中で、宮崎は、日本文化が素朴性という性格をもっていることを論じている。

而も支那文化と比較すれば、その儀礼的性格に対し、日本文化は天真爛漫たる素朴さがある。情緒があり、内面的である。[45]

ここでは、「儀礼的性格」がもつ意味について、なんら説明されていない。ところがそれとは対照的に、日本文化の「素朴性」についてはふんだんに言及されていることは注意すべきであろう。白鳥庫吉（一八六五—一九四二）氏や桑原氏らによって唱えられた中国史の南北対立説の刺激をうけ、さらに、内藤の上述の「文化波動論」を踏まえ、中世イスラム世界の歴史学者イブン・ハルドゥーンの『歴史序説』に依拠しながら、中国史を「素朴民族」と「文明社会」との二元的カテゴリーで捉えたのが、宮崎の上述の『素朴主義と文明主義』という著作である。本書の中で、宮崎は中国文明の周辺民族が貴重な素朴性を持っているのに対し、中国文明は文明化に伴ってそれに中毒し、弱体化し堕落していく過程をたどったと論じている。そして、未開民族は中国文明の刺激を受け、逆に中国へ侵入すると、中国文明に同化されて文明化し、やがては堕落していく過程をたどることになる。その原因は、「彼等の素朴さは、最も野性なる素朴さであって、それ以上の発展をなし遂げ得なかった[46]」ことによる。それにひきかえ、日本が「古き文明を有しつつも、一方において素朴主義を棄てざりしことが世界に向って誇るに足る事実である。日本精神とは建築や文学に表れる文飾ではない。むしろ言わず語らずして行動する素朴主義精神[47]」である。それでは、いかにして素朴性を保持することができるかという問題について、宮崎は科学精神の導入でそれを実現できると主張している。宮崎は日本人が「科学の移植に成功し、文明生活と素朴主義とを如何にして調和せしむべきかの鍵を握るに至った[48]」というふうに論じ、一種の「東西文明調和論」のような論調であった。宮崎における中国文明と周辺民族との関係に対する関心は、一九二二年に松本高校を卒業したときに遡るが、彼が初めてその問題を論じたのは一九三九年の講演「羨不足論」である。翌年、その講演を「羨不足論―支那における奢侈の変遷―」というタイトルを付けて論文にした。いわゆる「奢侈」は、「文飾」や「文明化」という言葉とその意味が内面的に共通している。

北の方、満洲・蒙古には遊牧民族が居り、その生活は、昔から多少進歩して来ては居りましようが、概して孤立停滞して居ります。また一方、文明人は、生活が段々贅沢になると弱くなります。（中略）生活程度の低い民族が、生活程度の高い民族を征服しても、その征服は長続きしませぬ。満洲人が中国に入っても中国人を自分達に同化するのでなければ、被征服民族を同化して永久に支配して行くと云うことはできない。（中略）奢侈に耽ると、人間が段々弱くなって来て、とかく他民族に圧倒される危険が増大する。併し前述の如く或る程度まで奢侈でなければ、どうも他民族に対抗することが出来ない。(49)

さらに、宮崎は以下のように結論付けている。

他を不足にする羨でなくても、生活程度の一般の向上は、科学的な知識の発達と正しい社会的認識とによって、永遠に発展せしめて行くことが決して不可能ではなかろうと思うのであります。(50)

以上のように、一九三九年の時点では、「素朴」と「文明」とが対立するという図式が初歩的な形で見られるが、それを踏まえいっそう深めて体系化させたのが、『素朴主義と文明主義』である。留意したいのは、「序論」

において、遊牧民族と農耕民族との対立図式で「大東亜史」を捉えている点であり、これは極めて興味深いことである。

おわりに

以上、我々は『大東亜史概説』という政府による修史事業に携わった宮崎の経験を考察した。彼はそれまでの世界史構想をアジア史に適用させており、「宮崎要素」が多数みられる。逆に、『大東亜史概説』の編纂は宮崎のアジア史・世界史認識をある程度まで深化・体系化させたことは言うまでもない。戦後、特に一九四八年『アジヤ史概説　続編』という著作は彼のアジア史観を端的に表しており、「著者は交通史観ないし交渉史観とよぶべき歴史の見方に立脚して、アジア史を構想した」のであって、「この史観を、著者は四十年後の今日に至るまで一貫して護持している[51]」のである。後に宮崎が主張したいわゆる交渉史観がすでに一九四〇年に形成された世界史観と同質のものであり、その構想が一九四四年の『大東亜史概説』の事業を経てさらに体系化されたのである。

注

（1）長谷川亮一『「皇国史観」という問題』、白澤社、二〇〇八年、一四一頁。
（2）奈須恵子「戦時下日本における「大東亜史」構想―『大東亜史概説』編纂の試みに着目して―」、『東京大学大学院教育学研究科紀要』、第三五巻、一九九五年。また、長谷川亮一氏の前掲書、一五五頁。
（3）前掲『「皇国史観」という問題』、一五六頁。

(4)「大東亜史編纂要項〔及び〕編纂要目」、『志水義暲文庫』七六。
(5)同右。
(6)鈴木俊「東洋史と大東亜史」、『地政学』所収。日本地政学協会、一九四二年一〇月、四五―四六頁。
(7)宮崎市定『自跋集―東洋史学七十年―』、岩波書店、一九九六年、二九六頁。また、宮崎市定『安部健夫君遺著の序　その二』(一九七一)、『アジア史研究』第二〈はしがき〉、同朋社、一九六三年、二頁。また、宮崎市定「『アジア歴史研究入門』序」(一九八三)、『宮崎市定全集』第二四巻、五八〇頁。特に、この序文の中で、宮崎の回想によれば、「大東亜史とは当時のいわゆる大東亜共栄圏の歴史で、それが完成の暁には、広くアジアの各国語に翻訳して、共栄圏諸国民に読ませよう」とあるように、「各国語に翻訳して」という点に留意されたい。
(8)旗田巍氏が「日本における東洋史学の伝統」において、日本のアジア研究を振り返っている。氏によれば、「日本におけるアジア研究は、アジアに対する日本の軍事的発展に対応して成長してきた、大ざっぱにいって、日本のアジア侵略は、明治初年から敗戦にいたるまでに、朝鮮→満蒙→中国→東南アジアという方向で進められた」のであり、「こういうアジア研究領域の拡大の過程で、アジア研究者は単にアジア侵略のあとを追って研究領域をひろげただけではなく、侵略勢力と結びついて研究を進めた。」(旗田巍「日本における東洋史学の伝統」『歴史学研究』、第一一巻、第二七〇号、一九六二年一一月、二八頁)
(9)「大東亜史編纂要項〔及び〕編纂要目」、『志水義暲文庫』七六。
(10)長谷川亮一氏の前掲書、一五六頁をも参照願いたい。
(11)宮崎市定『アジア史研究』第二〈はしがき〉、同朋社、一九六三年、二頁。
(12)宮崎市定『安部健夫君遺著の序　その二』(一九七一)、『宮崎市定全集』第二四巻、五八〇頁。「両教授」とあるが、池内と羽田両氏を指す。
(13)宮崎市定『自跋集―東洋史学七十年―』、岩波書店、一九九六年、二九七頁。また、池田温、山本達郎(他)「先学を語る―鈴木俊先生―」をも参照願いたい。『東方学回想』Ⅶ〈先学を語る(五)〉所収、刀水書房、二〇〇〇年、二一一―二一四頁。

(14) 前掲宮崎市定『アジア史研究』第二〈はしがき〉、三頁。
(15) 同右。
(16) 宮崎市定「『アジア歴史研究入門』序」(一九八三)、『宮崎市定全集』第二巻、三二七頁。
(17) 特にこの論文に関して、宮崎が「若し世間の人が、私の書いたものの中にも優れたものがあることを認めてくださるならば、私自身の立場としてはこの小論文を、生涯の傑作として持ち出したい」というように、その論文を「生涯の傑作」として、彼の西アジアへの関心を端的に表している。前掲宮崎市定『自跋集―東洋史学七十年―』、三四六頁。
(18) 前掲宮崎市定『アジア史研究』第二〈はしがき〉、三頁。
(19) しかし、山本氏は、そういう内示を受けていないと表明している。池田温、山本達郎(他)「先学を語る―鈴木俊先生―」、『東方学回想』Ⅷ〈先学を語る(五)〉所収、刀水書房、二〇〇〇年、二一三頁。
(20) 前掲宮崎市定「『アジア歴史研究入門』序」(一九八三)、三一九頁。
(21) 同右、三三〇頁。
(22) 前掲の奈須氏の論文、五頁。
(23) 同右、六頁。
(24) 同右、八頁。
(25)『大東亜史概説』序論、『志水義暲文庫』七六。
(26) 同右。
(27) 同右。
(28) 同右。
(29) 一九四〇―一九四一年、『史林』第二五巻第四号と第二六巻第一号と二回連載。
(30) 宮崎市定「東洋のルネッサンスと西洋のルネッサンス」、『アジア史研究　第二』所収、一九六三年、三三七頁。
(31) 宮崎市定『アジヤ史概説　正編』、人文書林、一九四七年、四〇―四一頁。
(32) 同右、四一頁。
(33)『大東亜史概説』第一章の第三節「古代インドとその文化」、『志水義暲文庫』七六。

(34)前掲宮崎市定『アジヤ史概説　正編』、四九―五〇頁。
(35)この論文において、宮崎はまた、ルネッサンスが時間的に後出するほど、その地域に有利になるとも論じており、別の意図も窺わせている。
(36)宮崎市定「支那城郭の起源異説」、前掲『アジア史研究　第二』所収、六二頁。
(37)宮崎市定『東洋における素朴主義の民族と文明主義の社会』、『アジア史論考』(上)所収、一九七六年、二一頁。
(38)この問題は、宮崎における、西アジア文明を人類文明の起源とする文明一元論にも繋がっている。
(39)『大東亜史概説』の「序論」の第三節「大東亜の民族」、『志水義暲文庫』七六。
(40)内藤湖南「支那上古史」(一九四四)、『内藤湖南全集』第十巻所収、筑摩書房、一九六九年、一一―一二頁。第七章参照。
(41)『大東亜史概説』第一章の第五節「大東亜史の時代」、『志水義暲文庫』七六。
(42)同右。
(43)同右。
(44)前掲宮崎市定「東洋のルネッサンスと西洋のルネッサンス」、三七八頁。
(45)『大東亜史概説』第一章の第六節「日本の使命」、『志水義暲文庫』七六。
(46)前掲宮崎市定『東洋における素朴主義の民族と文明主義の社会』、一一六頁。
(47)同右、一二四頁。
(48)この理論は、当時における盛んに行われた世界史理論の構築と深く関係があり、「近代の超克」論との共通性が窺える。
(49)宮崎市定「羨不足論―支那における奢侈の変遷―」、『アジア史研究　第一』所収、同朋社、一九五七年、一八―一九頁。
(50)同右、一九頁。
(51)砺波護「『アジア史概説』解説」、中公文庫、一九八七年、五〇九頁。

明治期における桐城派文章論の影響

――清国文人や駐日外交官との文化交渉――

陶　徳民

明治期の漢学者たちは、徳川時代の漢学伝統を受け継ぎ、宋明時代の学問全般に対する精深な学識をもっていた。日清修好条規の調印と汽船交通の開通に伴い、彼らは駐日外交官をはじめとする清国の文人学者との交流が次第に増えてゆき、清朝の学問にも研究の情熱を傾けるようになった。桐城派の文章論に関する紹介と受容が、その一端を示している。

しかし、この桐城派が明治大正期の日本漢文学界にどれほど影響を与えたかという問題について、学界の見解は必ずしも一致しているわけではないようである。

例えば、早稲田大学教授牧野謙次郎（一八六二―一九三七）は、その遺著『日本漢学史』（一九三八年）において、張裕釗、呉汝綸と薛福成と並べて「曾門四弟子」（曾国藩門下の学者四人）の一人に数えられた駐日公使黎庶昌の影響により、重野安繹・川田甕江をはじめ、桐城派の文章論を受け入れ、その作風を模倣する漢文家は決して少なくないと述べている。(1)これに対し、千葉大学教授緒方惟成は『日本漢文学史講義』（一九六一年）において、黎庶昌の影響は藤野海南、亀谷省軒などに限られ、重野安繹、川田甕江らが桐城派の文章論に感心してはいたものの、実際にはそれほど影響を受けなかったと論じ、また重野・川田と別な一派をなしていた依田学海（一八三四―一九〇九）は、主に侯方域をはじめとする清初の古文家の文章を模範としていたと述べている。(2)

一九八九年、中国文章論研究の大家佐藤一郎が、その数年前に出版された猪口篤志『日本漢文学史』（一九八四年）が提示する概観に依りながら、己の重厚な蓄積を生かし、「江戸・明治期における桐城派」（以下、「佐藤論文」と略称す）という実証的で卓見に富む論文を発表し、なかには、「江戸期の桐城派」、「清国駐日公使と明治の桐城派」、「重野安繹、藤野海南、宮島大八」などの節も含まれている。(3)本稿では、星野恒、藤野海南、亀谷省軒、重野安繹、および宮島大八の関連論述に基づいて、明治期における桐城派の文章論の影響を具体的に追跡し、その桐城派理解の特徴を検討しようとするものである。

一　桐城派文章論を受容する諸前提

大庭脩『江戸時代における唐船持渡書の研究』によれば、桐城派などの著述、例えば『帰震川別集』は一七二一年、『帰震川集』は一七五七年、侯朝宗の『壮悔堂全集』と『壮悔堂集』は一八四一年、『方望渓全集』は一七八三年と一七八六年、『劉海峰全集』は一八五〇年、姚姫伝の『惜抱軒十種全集』は一八四五年、『古文辞類纂』は一八四五年、一八四六年および一八五三年に、日本に舶来されていた。(4)これらの書物が、桐城派への注目を集めたことはいうまでもなかろう。なかでも、早くも舶来した『方望渓全集』の影響がもっとも大きかったようである。例えば、塩谷宕陰の弟子で重野安繹の同僚でもあった史学者星野恒（一八三九—一九一七）が、『唐宋八大家文鈔』に倣って『明清八大家文』を編纂したが、八巻からなるこの文集の収録作品はすべて星野によって選定され、うち二巻が方望渓の作品集で、星野がいかに方望渓の文章を推奨していたかが分かる。

そして、清国の駐日外交官が渡来する前、明治初期の漢文学界においては、清代の文章学を受け容れる必要性の認識が一種のコンセンサスとなったようで、例えば、川田剛が『清名家集』（一八七六年）所収の侯雪苑・魏勺庭・汪尭峰・朱竹坨など十人の文章をそれぞれ一篇選び、評点をつけて『文海指針』を編んだ。この広く読まれたアンソロジーにおける重野安繹の序文に、次のような一節がある。

学書者。不貴刻帖。而貴墨蹟。相人者不於写影。而於覿面。孔子不夢尭舜禹湯。而夢周公。無他。時世近者。精神易接也。是故学左国史漢。不如学韓柳欧蘇。学韓柳欧蘇。不如学明清諸家。清之与我。其人或可相及。是猶授受乎几席間也。則其声貌可擬。歩驟可循。莫清文若焉。(5)

この中に現れているのは、時世の近いものは、その精神に接しやすいという重要な考え方である。すなわち清朝の文章は同時代の日本文人にとってもっとも理解しやすいものであるため、左伝・国語・史記・漢書あるいは韓愈・柳宗元・欧陽修・蘇東坡など「唐宋八大家」の文章よりも、清代の文章から学ぶことがもっと重要だという認識である。

この認識は、明治十年以降の清国外交官や名士の絶えざる来日およびお互いの対面交流によって一段と深められた。藤野海南は、「清国公使署重陽宴集序」において次のように胸中の喜びを披瀝している。

今也齢迫遅暮。遭遇明時。不揣尋千載之旧蹤。與大邦名賢会晤于一堂。交觴論文。以遂平昔之願矣。寧惟茲。往時使至。不過一再会飲。今則駐節在此。得常常而見。非公会而讌私。是又昔人之所未嘗夢見也。且夫曩昔之宴。雖詩酒罄歓。而款洽諧和。恐不能如今日也。[6]

要するに、清国外交官は進士や挙人という科挙試験で功名を得たものが少なくないため、古典や文章の学に長けていた。これら常駐する文人外交官との頻繁な非公式交流および文章作法をめぐる切磋琢磨は非常に有益なことだと藤野は考えていた。漢学や漢文をめぐる明治前期の日中文人の「空前絶後」ともいえる筆談交流活動について、陳捷・王宝平・劉雨珍・張偉雄諸氏による詳しい研究がある。[7] このような交流活動が、明治漢文界における清代文章学研究を促進する起爆剤となったに違いない。

二　星野恒選編・王韜評点『方望渓文抄』について

先にも触れたように、明治前期に盛んに行われた日中文人交流のなかで星野恒選編の『明清八大家文』が生まれ、明代の宋潜渓・王陽明・唐荊川・帰震川および清代の侯朝宗・魏叔子・汪尭峰・方望渓、計八人の文章が収録されている。星野は同文集に対する評点を来日中の王韜に頼み、評点完成後にそれを出版する計画も立てられたようである。

星野恒（一八三九―一九一七、号は豊城）は越後の儒者で、「文久の三博士」の一人、塩谷宕陰の高弟であったが、明治維新後は政府直属の修史館に入り、重野安繹・久米邦武の同僚となって、一八八八年には三人とも東京大学臨時編年史編纂掛（一八九三年四月は史料編纂掛に改組）の教授となり、近代的実証史学の発展に大きく寄与した。著書に『豊城存稿』・『史学叢説』などがある。王韜（一八二八―一八九七）は、中国江蘇省蘇州の人で、字は仲弢、号は紫詮。西洋事情に詳しい晩清の改革派知識人として、また香港『循環日報』の社長として有名であった。その一八七九年（五月初めから同年八月末まで約四カ月間）の日本訪問は、『普仏戦紀』に現れた豊かな学識と国際感覚に傾倒した重野安繹・岡千仞・亀谷省軒・栗本鋤雲・寺田士孤などの招待によるものであった。日記の形で訪日の見聞と経験を記録した王韜の『扶桑游記』によれば、彼は一度ならず星野と会う機会をもち、とくに日光山遊覧の途中で疲れ果てた時、車の手配などで星野の世話になったようである。(8)

星野の依頼を受けた王は、多忙や病気のため、香港帰還後、翌年の秋になってはじめてその仕事に着手した。その姿勢は真剣そのもので、朱筆による評点はほぼ『明清八家文』全書の各篇にわたっている。「光緒六年庚辰仲冬」すなわち一八八〇年の年末か一八八一年の年初に書かれた「明清八大家文序」（序の全文は本稿の「付録」に掲載）の冒頭で、王は「日東人士。類多重文章。尚気節。（中略）其負当世重名者。皆善操選政。於古今諸大家文。区別其流派。評隲其高下。示後学以準的」と、星野の『明清八大家文』選編は、日本の士人は文章学を重んじ、特に名家は、文集や選集の編纂を通じて後学に指針を示していると高く評価している。また序の末尾において「窃謂日東之勤学如此。使無字畫之異。声音之別。其文章何難与此八家者頡頏上下也哉」と、もし発音や字形の差異がなければ、この「八大家」に匹敵できる文章家が生まれることも難しくないはずだと讃えている。

王韜の序によれば、彼が当時星野から受け取った同書は十冊からなっていたという。しかし、東京都立図書館中山（久四郎）文庫に現存している稿本は八冊しかない。星野の出版計画は結局、未完のままに終わったようである。しかし、この共同作業に現れた両者の文人趣味、思想傾向および桐城派理解などがある程度確認できるのである。しかも、この東京発の出版計画は挫折したものの、五年後の一八八六年には、近藤元粋（一八五〇―一九二二）の選評による『明清八家文讀本』全二五巻が大阪で岡田茂兵衛によって出版された。近藤は、伊豫（愛媛）に生まれた詩文家であり、別号蛍雪軒主人。生涯にわたって、『陶淵明集』・『李太白詩醇』・『杜甫詩集』・『白楽天詩集』・『蘇東坡詩集』・『陸放翁詩集』・『王陽明詩集』・『螢雪存稿』など多くの詩文集を選評、出版した。中国での「明清八大家文」編纂は、一九一五年出版された王文濡編『明清八大家文鈔』を嚆矢とされている。[9] 比べると、一八七九年の王韜来日を機に企画された星野の『明清八大家文』出版および一八八六年に実際出版された近藤選評『明清八家文讀本』は、いずれも王氏の所編より約三〇年以上早かったことになる。

ここでは、本書の主題とかかわる第七冊『方望渓文抄・乾』と第八冊『方望渓文抄・坤』に焦点を絞って考察を行いたいと考える。桐城派の開祖方望渓の文章が現存稿本の四分の一を占めるという選編時の特別扱いは、桐城派の文章論に対する星野の重視と偏愛をよく物語っているからである。

『江戸時代における唐船持渡書の研究』に記載された『方望渓全集』の輸入時期は一七八〇年代であるため、星野の『方望渓文抄』選編はほぼ百年後のこととなる。ほかの私的輸入ルートもあるはずなので、その選編はいったいどの版本にもとづいて行われていたのか、特定することは容易ではない。現存するものとして、東京国立博物館所蔵の一八一三出版『抗希堂十六種　方望渓先生全集』（別名方望渓全集、蘇州修綆山房。嘉慶一八年）中に『望渓先生文偶抄』（王兆符・程崟輯）と『望渓先生文外集』（曾孫方傳貴輯）、京都大学附属図書館所蔵の方傳貴輯『方望溪先生文外集 不分巻』(「嘉慶癸酉新鐫　抗希堂蔵版」と記しているので、おそらく東博所蔵本中の『望溪先生文外集』の単独出版に該当するだろう)、および立命館大学図書館所蔵の戴鈞衡輯『方望溪先生文集』(咸豊元年・一八五一年)などがある。復旦大学の劉季高教授(一九一一—二〇〇七)が、一九八三年上海古籍出版社より出版された『方苞集』(すなわち咸豊元年刊本の修正本)に書いた「前言」で、『方望溪全集』については清代中期以降、抗希堂、山淵閣、直介堂などによる出版の諸本があったが、桐城出身の戴鈞衡が編集した上海涵芬樓景印咸豊元年刊本がもっとも「完備」であると論じている。星野の選編した『方望溪文抄』の底本を特定できないため、本稿では、『方苞集』をもって、星野の選編『方望溪文抄』と対照研究を行いたいと思う。

対照して見れば、『方望溪文抄』乾・坤二冊は、『方苞集』の巻一「読経二十七首」中の二首、巻二「読子史二十八首」中の三首、巻三「論説十四首」中の七首、巻四「序二十三首」中の五首、巻五「書後題跋二十六首」中の七首、巻六「書三十二首」中の四首、巻七「贈送序二十首」中の八首、巻八「伝十五首」中の三首、巻九「紀事九首」中の二首、巻十「墓誌銘三十首」中の七首、巻十一「墓誌銘二十首」中の一首、巻十三「墓表二十首」中の一首、巻十四「記二十二首」中の五首、巻十六「哀辞十二首」中の五首などを選んで収録している(本章の「付録二『方望溪文抄』と『方苞集』との対照および王韜の評点」を参照)。未収の体裁は「頌銘」と「家訓」の二種類だけであった。注目すべきは、星野の『文抄』は上記の『方望溪先生全集』目次の順序にことごとく従っているわけではない、ということである。すなわち、『全集』目次の前半部分の配列はある程度、経史子集という従来の四部分類法を考慮して行っているが、これに対して『文抄』ではその巻三「論説十四首」中の七首(原人上・原人下・原過・周公論・漢高祖論・漢文帝論・于忠粛論)が巻首に置かれているのである。このような人性論や人倫道徳にかかわる諸編を最重要視する姿勢は星野の見識の現れと言える。

さて、方望渓の文章に対する王韜の評語は、およそ時局論、歴史論、道徳論、文章論などの四種類に分類できる。例えば、王韜は一方では、乾（2）「原人下」に対する評語において、人心の廃れを「火器」による殺戮に看取し、「不数百年、此世界将壊、人類将滅矣」と未来を悲観しているが、他方では、乾（10）「読管子」の評語で、管子の「治国強兵」術を賞賛し、「今人能行管子一書　可以治天下而有余」と断言している。そして、乾（28）「重建陽明祠堂記」に対する評語では、方望渓に同調し、王陽明を「有明一代偉人　道学・節行・勲業・文章竝堪千古」と称えている。また、坤（28）「書孝婦魏氏詩後」については、「如魏氏者世所罕覯　巾幗中宜奉為法矣」と、伝統的道徳観の堅持を主張している。

以上は時局論、史論、道徳論の例であるが、以下では王韜の文章論を検討してみよう。

（a）坤（21）「書孟子荀卿伝後」に関する評語：「史記為千古奇章　其所見亦為千古特識　允推為文章之祖。」

（b）坤（23）「書柳文後」に関する評語：「望渓深於経術　集中多経解之作　故其辞如此其実［柳］子厚小品文独絶千古　非韓［愈］所及　安問其他。」

（c）坤（24）「書帰震川文集後」に関する評語：「震川手挽狂瀾　力崇正体　雖当七子盛行　独立漢幟　騒壇旗鼓　莫敢与抗　此文於震川殊有不満処　然根柢醇厚、度謹厳　不可不謂之古文正傳」。

（d）乾（11）「與孫以寧書」に関する評語：「望渓文体簡潔　固足称一代正宗　然究未免有太簡略之処　学之者短簡寂廖　一味枯寂　以為名高　則失之矣」。

この四例の中では、（a）のように『史記』の評価で方望渓に同調する場合もあるが、（b）（c）のように柳宗元や帰有光の評価で方望渓に反論する場合もある。そして、（d）では方望渓の「文体簡潔」を認めると同時に、その文章が「簡略」に過ぎるところがあり、それを真似る後世の文人は「一味枯寂」の境地に陥る危険性もあると指摘している。このように司馬遷・柳宗元・帰有光などの叙事に長じる作家に対して高い評価を与え、韓愈の載道文学および方望渓の経術偏重の傾向についてはさほど賞賛しないところに、王韜の文章論および文章史観の一端が窺えるのであろう。

王韜はかつて「老民少承庭訓、（中略）老民於詩文無所師承、喜即為之下筆、輒不能自休。（中略）往々歌哭無端、悲愉易状、天下傷心人別有懐抱也」と述べたことがある。[10]すなわち桐城派や陽湖派といった特定の流派の先生に師事したことがなく、ただ父による教育（「庭訓」）と自分の努力だけによって一家の学を成した詩文の風格はすこぶる自由なもので、いわゆる「喜笑怒罵、皆成文章」、ということである。『明清八大家文』に対する王韜の批評を見れば、たしかにそのような印象を強く受ける。しかし、桐城派の影響が絶大な晩清朝に生きていた王韜は、文章論と文章史観の面ではその影響をある程度受けたかもしれないと考えられる。たとえば、当時広く読まれていた『古文辞類纂』を編集し、有力な古文派としての桐城派を確立した姚姫伝は、すでに方望渓のそれと違う文章論を展開し、上記の司馬遷・柳宗元・帰有光という流れで文章史の重要な一側面を捉えていたのである。[11]王韜はそのような捉らえ方で編集された『古文辞類纂』を読んだ可能性が十分あると思われるが、だとすれば、彼の文章史観と姚姫伝のそれとの一致はある程度その影響によるものであることは決して不思議なことではない。

三　桐城派の「族譜」に収録された藤野と宮島について

佐藤論文にも言及されているように、一九二九年に出版された『桐城文学淵源考』において、著者劉声木は張裕釗・呉汝綸に「師事」していた弟子たちのリストに宮島彦の名前を、桐城派の文学に「私淑」している人々のリストに藤野正啓の名前を入れている。

劉声木（一八七六―一九五九）は、清末の山東・湖南など地方の学務官僚を務め、文学史研究者、蔵書家でもあった。若き日より桐城派の著述を広く蒐集し、『桐城文学叢書』を刊行するとともに、『桐城文学淵源考』や『桐城文学撰述考』などを著した。『桐城文学淵源考』は、劉氏が三十余年をかけて千五百余種の桐城派の文集を読んでまとめたものであり、中には千百余名の桐城派文人の行状を抄録しているため、一種の桐城派「族譜」ともいえる。

同書巻十一における藤野関係の記載は、重野安繹編『海南遺集』と黎庶昌『拙尊園叢稿』にもとづいて次のように述べている。「藤野正啓、字は伯廸、号は海南、日本伊豫松山の人。黎庶昌と友善であり、古文を以て相い切劘し、其の文を為すは醇にして法度あり、桐城に趣嚮し、亦た姚鼐・曾国藩の陰陽剛柔の説を取り、以て自輔す。海南遺集三巻・附録一巻を撰す」と。この叙述は、「文章頗趣嚮桐城。亦取曾文正陰柔陽剛之説以自輔。為文醇實有法度。設異日有嗜古好奇之士。欲蒐輯日本古文成一編。如兪曲園編東瀛詩選故事者。則海南其名家也」という黎庶昌の「海南遺文序」を生かしたものであり、将来、兪樾が『東瀛詩選』を編纂したように『日本古文』（すなわち『東瀛文選』）を編纂する好事家がいれば、必ずや漢文の名家藤野海南の作品を収録するに違いないだろうという序の後半部分がカットされたのみである。[12]

黎庶昌（一八三七―一八九八）は「曾門四弟子」の一人として、姚姫伝の『古文辞類纂』を手本にして『続古文辞類纂』も編集したこともあり、前後二度にわたり駐日公使（一八八一―一八八四、一八八七―一八九〇）を務め、数多くの漢学者と知り合った。特に二回目の公使在任中、初回在任中に知り合った亡友藤野海南の遺作に上記の序文を書いた。この序文において、黎庶昌は次のようなことにも触れた。すなわち藤野をはじめ宮島誠一郎、元田永孚、重野安繹、岡千仭、中村敬宇、島田重礼、三島中洲および川田甕江など当時の漢学界の錚々たる人物と交流を持った理由は、これら日本人学者の漢文を高く評価し、また彼らに桐城派の古体散文を推賞したいからであるという。

秋元信英氏によれば、藤野海南（一八二六―一八八八　名は啓正　字は伯廸）は、明治二年（一八六九）大学少博士、五年東京府権典事となって府誌の編纂に従事。九年太政官修史局御用掛に転じ、十年四等編修官になり、修史館第二局乙科に属して、十九年には臨時修史局編修に累進した。新式な論文があるわけではないが、年下の重野安繹の部下になって、漢文による幕末史叙述を推進した。文壇では、明治五年に漢詩文の結社である旧雨社をおこして、重きをなしたという。藤野は、清朝の文章論を学ぶ必要性に関する己の認識転換を次のように語ったことがある。

当是時。世向治平。天下無事。乃與旧友諸子。議創文会。重野士徳。岡千仭。鷲津毅堂。小笠原修之。及坂谷朗盧。横山徳渓。小野湖山。鱸松塘。広瀬林外。萃吾第議之。卜蓮池長舵亭為会席。一月一会。会者漸多。初予至二三十人。修之以上。昌平旧友。坂谷以下。明治以降之交也。自是専以文辞為楽。不復以世務為念。初予之於文。已不受師授。独於昌平前後二遊日。與朋友講習耳。而前遊独有重野可推。再遊無復出予上者。故傲然自以為是。在大学日。岡松。川田等。不推奬。而予未暁。及創文会。徳渓。林外等。亦不首肯。然猶不自省。坐衆人之上。意気自豪無怍色。已而会屡。閲人之文漸多。聞其論説亦熟。諸子之文。字句雅馴。有根據。論古書句法。若説明清以下近文。予所不知者尤多。不能上下其論也。於是乎自見歉然。而慚愧之心始生矣。(13)

すなわち藤野は、江戸後期の最高学府昌平黌に一回目の遊学をした時、作文力に関しては、ただ重野一人に感心していたが、二回目の遊学時、己の実力に匹敵できるものは一人もいなかったため、相当な自負心を抱いた。しかし維新後、己の文才は段々買われなくなり、呼びかけ人として創立した文会旧雨社でさえ、盟主の地位を維持していくのが難しくなった。その理由は「明清以下の近文」をあまり知らず、新進気鋭の漢学者と議論することができなくなったことにあった。

一方、時勢の変動も漢文のスタイルの変換を促していた。幕末維新期において、「天下故多し。諸子も亦皆年少気鋭にして、相競うて放言高論し、戞々乎として当世の務めを談ず。故に其の作る所は、序記碑誌と雖も、一に議論を以て之を行ふ。初めは体格何如を問わず。老生宿儒、間或は其の候度を指示す。輒ち倦怠思睡し、蘇陳の策論に非ざれば机上に置かず。以て謂へらく、文は気を以て主と為す、何んぞ体に拘わらんやと」[14]。このように議論を重視し、文章を経世の道具とする気風は明治前期、とくに自由民権運動が繰り広げられた時期にもある程度残っていた。たとえば、姚姫伝が編纂した『古文辞類纂』の内容構成は、論弁、序跋、奏議、書説、贈序、詔令、伝状、碑誌、雑記、箴銘、頌讃、辞賦、哀祭など十三種類の文体に分けられ、それらが文学と称される理由について、神、理、気、味、格、律、声、色など八つの要素に基づいていたからだと説明されていた。明治十七年に竹添井々が抄録し、竹添利鎌が評注訓点を行った『古文辞類纂』が東京奎文堂より出版されたが、その抄録の範囲は同書の中の「論弁類」に過ぎず、編者の関心の所在がよく窺えるのである[15]。

しかし、社会は安定と繁栄に向かうにつれて、「質」だけでなく「文」も求められるのである。したがって、激動の幕末期に流行っていた画一的な政論風の文章は明治時代にもはや通用しなくなり、文の体裁や格調を講究して、違う用途の文章を違う体裁や格調で書くべしという認識が、漢学者たちの間に次第に共有されるようになった。藤野海南の桐城派文章論に対する評価は、このような新しい傾向をよく物語っていると言える。

曾氏国藩論文。頗主張姚姫伝説。姫伝始発文有陽剛陰柔之二派。多取譬山水人物以為諭。曾氏承之。実以古人之文某為陽剛陰柔。其意益明。然猶有可疑者。韓文属陽。欧文属陰。固当人心矣。太史公之文。気勢雄偉如彼。而以属陰柔。且欧文紆徐低佪。真有陰柔之趣。而如與范司諫高若訥書。意気軒昂。何曾為柔。於是曾氏又因文体分剛柔。以為建白議論宜陽剛。序記題跋宜陰柔。又云噴薄而出為陽剛。呑吐而出為陰柔。観此而後二者之辨始明矣。史公之文雖雄偉。非噴薄而呑吐。伯夷屈原諸伝可以徴。欧文雖紆徐。至論駁則噴薄言之。亦有陽剛之処。曾氏之論可謂備矣。学者以是説存于心。於読古人之文并已属文。必有益焉。(16)

ここでは、「陽剛陰柔」説を言い出した姚姫伝(一七三一―一八一五)よりもその説を発展させた曾国藩(一八一一―一八七三)の論述がより精緻だとされている。なぜなら、姚姫伝はある古文家の全作品の風格をまるごと「陽剛」と「陰柔」のどちらかと判断したのに対して、曾国藩は同一の古文家にもその個々の作品の性格や体裁によって「陽剛」のものもあれば、「陰柔」のものもありうると合理的に見分けていたからである。このように論じた藤野はさらに、この曾国藩の説を覚えれば、古人の文章を読むにしても自分が作文するにしてもきっと有益だろうと、積極的に当時の漢文界に勧めている。

黎庶昌は、姚姫伝よりも己の恩師・曾国藩を支持評価してくれた藤野を海外の知己と見なし、「海南文を論ずること、余の平昔の旨と合う」と激賞した。(17)

さて、『桐城文学淵源考』巻十には、「宮島彦　字(欠字)　日本人、張裕釗に師事すること七年、潁敏好学にして、尤も遠志純行を有す」と記しているが、その記載の根拠が張裕釗『濂亭遺文』、岡千仞の『観光紀遊』および黎汝謙（黎庶昌の従兄弟の子）『夷牢渓廬詩文鈔』などであることも示されている。(18)

日本に桐城派の文章論を広げたことについては、黎庶昌が主要な役割を果たしたと言えるが、「曾門四弟子」の一人で、黎庶昌と姻戚関係を結んだ張裕釗も重要な影響を発揮した。

張裕釗（一八二三―一八九四　字は廉卿　号は濂亭）は、曾国藩、李鴻章の知遇を得て、北京付近の蓮池書院を含む多くの書院の院長を務めた。黎庶昌の娘婿でもある張氏の長男張沆が、黎庶昌の初回駐日公使赴任時に随行し、その父親の文集を携えてきた。張裕釗の文集を贈与された日本人学者たちは、張沆の友人になる人が少なくなかった。岡千仞はその中の有名人の一人であった。

岡千仞（一八三三―一九一四　号は鹿門）は名高い漢学者で、社会活動家であり、一八七九年王韜の日本来訪のための資金援助者の一人でもあった。岡は五十歳の時、用意周到な中国旅行計画を実行し、約半年にわたり、上海、余姚、北京、香港など中国の各地を遊歴した。その際、事前に張沆に書いてもらった紹介状を携え、蓮池書院院長の張氏を訪問した。そして、張氏は岡の依頼に応じてその文章に潤色を加え、日本で出版予定の岡の文集のために序文を書いたが、岡の入門願望については婉曲に断った。(19)

ところが、一八八七年になると、張裕釗は宮島大八（一八六七―一九四三　名は彦　字は詠史）という若い日本人の入門を受け入れた。大八の父親である誠一郎（一八三九―一九一一　号は栗香）は、黎庶昌の初回駐日公使としての滞在中に、黎庶昌や張沆らと深交を結んだ。誠一郎は互いの筆談記録を珍蔵すると同時に、息子である大八に自分と黎氏、張氏との付き合いを物語ったという。黎氏が初回公使の任期満了に伴い帰国する直前、誠一郎は息子を中国に送り張裕釗に師事させることを決めた。興亜会に開設された支那語学校と東京外国語学校で中国語を勉強し、豊かな漢文素養を持っていた大八は、父親が大事に保存している張裕釗の文集と墨跡に魅了され、張氏の弟子になる志を固めた。

一八八七年から一八九四年にかけての七年間、宮島大八は中国で最晩年の張裕釗への従学を続けていた。張氏の指導により様々な困難を乗り越えた宮島は、後に日本における中国語教育と書道の分野で指導的役割を発揮し、善隣書院の創設者、『官話急就篇』の編者および「故内閣總理大臣犬養公之碑」の書者として知られるようになった。

大八を受け入れた当初の張裕釗がその経緯と喜びについて、「曾門四弟子」のもう一人である呉汝綸に次のように伝えたことがある。

日本の某官に宮島誠一郎と曰う者有り。頗る詩を為るを好み、前に大小児と相い善くす。渠 黎蒓斎及び吾が中土の出使の者、曁び彼の国の岡千仞諸人の言を聞き、謬りて相い推重す。今乃ち其の子を遣わして海を航りて西来、裕釗の門に従游せしむ。小児に廣書して情辞は肫摯、又た求めて吾が中土諸人の書を得、并せて携うるに訳署の護照あり、之を介紹と為せり。且つ経ちに肄業の諸生と院中に同処せんと欲す。弟 俗間の少見多怪なるを恐る。弟 其の外間に僦居せ令め、仍ち或いは浮言有るを慮る、傅相に廣書せし時を擬り、并せて一微之に及ばん。此の子 性識は乃ち頗る聡穎、年甫は十九にして、甚だ志 学に嚮かう有り。閣下 異日に省門に至らば、尚わくは進みて之を教う可からんや。[20]

文中の「傅相」とは、当時の直隷総督兼北洋通商大臣李鴻章のことであり、大八を蓮池書院の宿舎に入れるか、それとも民間の下宿にしてもらうかという問題に悩まされた張氏は、己の心配と配慮を上司の李氏に報告しようとしていると打ち明けた。

一方、大八は、七年間にわたる留学生活を終えた後、己の恩師のことを次のように誇らしげに述べている。

吾師張廉卿先生ハ湖北省武昌ノ人ニシテ、曾文正公国藩ノ門弟ナリ。年二十五ニシテ其郷ノ挙人トナル。時事ニ感ズルアリ志ヲ仕進ニ絶テリ。其後金陵書院ニ山長タル事十余年。後李鴻章ノ聘ニ応ジ直隷保定府蓮池書院ニ転ゼリ。山長ナル者ハ書院総管ノ称ニシテ、兼テ全省官民ノ師トナル者ナリ。故ニ名望極メテ重キ者ニアラザレバ此職ニ当ルヲ得ザル者ニシテ、儒者ノ甚ダ名誉トスル所ナリ。師ノ保定ニ至ルヤ、尽ク其校則ヲ改メ、別ニ学古堂ヲ設ケ専ラ古学ヲ以テ人才ヲ養成シ、一時俊才直士多ク其門ニ出タリ。(21)

以上のような記述から見れば、張裕釗・宮島大八という師弟の間に次第に厚い愛情が育まれたということが分かる。では、留学期間中の生活はどのような模様であったろうか。一八九一年一月二十五日付の父親誠一郎宛の書簡がその一端をよく伝えていると考えられる。

私事近来無病康健修業罷在候間、御安心被下度候。当時は日に古文稽古罷在候。頃は竊かに曾姚二家之古文類纂に倣、古人文章之抜翠致、已に二百余枚写取申候。其文上は六経より下桐城派迄数百篇千二三百枚に相成候見込にて、皆恩賜之薄葉相用申候。此後好便之節、今少々御遣被下度奉願候。(22)

晩年の張裕釗は、愛読書の『古文辞類纂』中のとりわけ気に入った文章を朗読し、また書作として書いていくことを日課としていたという。大八も秘かにこのような師の書作を蒐集すると同時に、師に倣い『古文辞類纂』の抜粋を「二百余枚」書写していた。さらに六経から桐城派までの文章を「数百篇、千二三百枚」を写すという計画を立てた。その旺盛な知的好奇心と一所懸命の勉学ぶりをこれによって知ることができる。(23)

四　桐城派の諸大家に対する亀谷と重野の評価

方望渓・姚姫伝・曾国藩など桐城派の諸大家は、亀谷省軒・重野安繹から高い評価を受けていたが、その評価には共通する部分もあれば、相違する部分もある。それは、各々の評者の経歴、立場、文学的修養および価値観に関わるものである。

亀谷省軒（一八三八―一九一三）、名は行、字は子省。対馬府中藩士。広瀬旭荘、安井息軒に師事。明治元年（一八六八）に岩倉具視に仕え、明治二年（一八六九）に大学教官補、三年に太政官少史より修史庶務を経て記録局長を歴任した。六年に退官し、光風社を設けて詩文の著述に専念し、安井息軒に「後進の領袖」と高く評価された。著作に『育英文範』、『省軒詩稿』、『省軒文稿』などがある。その門人菊池武貞によれば、亀谷は沈梅史・黎庶昌・黄遵憲・王韜などと親交を結び、「古文において桐城の説を喜び、簡潔を主とし、其の詩文、真気盤鬱にして蒼老幽玄を以て勝る、明人の風格あり」という。(24)

亀谷は「曾文正公文鈔を読む」で明清時代の文章家たちを次のように評価している。

李王尚古、袁鐘尚新、明季之交、流於鈎棘、墮於纖佻。清儒尚考證、其文動陷繁冗。於是、桐城方姚諸家、尚典雅簡潔、以拯時弊。方以法度勝、姚以風韻優、世推為古文正宗。然至其末流、淳雅有餘、気勢不足、譬猶清溪蕭索水落石出。余雖淑桐城、亦有慊焉者。夫文有宜簡潔者、有宜贍博者、有宜曲折者、有宜直達者、相題命意、未可執一而論也。曾文正之於文、素推崇桐城、而雄偉博大、別開生面、不啻一洗鉤棘纖佻之弊、駸駸乎與唐宋名匠竝驅。蓋文貴気、気不充則不能博大、文正撥亂反正、浩気充盈、直發諸文、宜哉其文超絕諸家也。然文正学徳崇隆、功烈烜赫、如文抑余事耳(25)。

すなわち桐城派の勃興が李攀龍・王世貞の擬古主義、袁宏道・鐘惺の性霊説および清朝考証学の繁瑣冗長に対する反動であり、結局、「義法」を重んじる方望渓と「豊韻」を強調する姚姫伝が「古文の正宗」と認められたが、しかし、彼らの後継者が活力を欠いた。その衰勢は曾国藩によって挽回され、桐城派の一大新生面が開かれることになった。「蓋し文は気を貴び、気充たざれば、則ち博大たる能はず」、曾氏の文章のスケールの大きさはその浩気によるものであるが、但し、「立徳・立功・立言」という三つの達成という伝統的成就観から見れば、曾氏において「功」と「徳」が第一義的なものであり、「言」すなわち文章はその次の「余事」に過ぎない、と。

またそこで、藤野の曾氏贔屓に触れているが、それは、「陽剛陰柔」説をめぐる姚姫伝の所論よりも曾国藩の所論のほうがもっと精緻だという理由からであった。しかし、亀谷自身の曾氏贔屓は、「文運」は「気運」に左右されるという彼独自の文章観によるものである。亀谷の「明文論」を読んだ重野安繹は、明太祖朱元璋の『御製集』を例に「文章は気運に属し、工力の及ぶ所にあらず。洵に然り、洵に然り」と絶賛した(26)。

さて、重野自身がどのような桐城派論を展開していたのだろうか。

重野安繹（一八二七―一九一〇　字は士徳　号は成斎）は、薩摩藩鹿児島郡の一郷士の家に生まれ、青少年期より漢詩文で頭角を顕し、十六歳の若さで藩学造士館の句読師助寄となり、二十五歳の時、昌平坂学問所の詩文掛となって諸博士の代わりに生員の習作を批点するようになった。ペリー来航後、同窓の岡千仭などと房州海岸を巡視し、薩英戦争後の講和交渉に参与した。明治期の重野は、修史館の編修官を務め、漢学者の文会旧雨社、麗沢社で活躍し、東京学士会院会員、文学博士、元老院議官そして貴族院勅撰議員などの肩書も持っていた。

実藤恵秀が『明治日支文化交渉』（光風館、一九四三年）における「清国公使館ものがたり」という一節で論じたように、重野は明治中期に清国公使館の人々と頻繁に唱酬する日本人詩文家たちの筆頭であった。重野自身も明治二十年黒田清隆内閣に提出した「支那視察案」において「近世ニ至リ、公使往来、情誼密接ス」、「安繹少ヨリ漢学ニ従事シ、彼ノ教学歴史地理等ニ於テ渉猟スル所アリ。彼土人士ト時々往復締交シ、情意頗ル通セリ」と自負しているように、交遊を通じて、彼は黎庶昌の属する桐城古文学派の学風から相当の影響を受けた。一八八八年、黎氏はイギリス駐在後に清国駐日公使を再任して東京に来たが、重野はその祝宴詩集の序に次のように書いている。

黎君先駐英都数年。諳熟泰西事情。泰西人士。皆称其賢。轉来我邦。（中略）聞黎君少壮従曾文正公。受其誘掖。公之事業。出於郭汾陽之右。公之学問文章。殆駕王余姚而上之。而其操行謹篤。終始如一。霍博陸之不能及。繹嘗読公書。至鳴原堂集。観公処于兄弟之間。友愛悃摯。無所不至。此蓋公之本領[27]。

ここにおいて、西洋事情にも通じる黎氏本人のことだけでなく、その少壮期より追随していた恩師曾国藩のことを、事業は「安史の乱」の平定で大功を立てた郭子儀（汾陽王に封ぜられた）に、学問文章は明代の王陽明に、道徳操行は漢代の霍光（博陸侯に封ぜられた）などに勝ると絶賛し、しかも曾氏の『鳴原堂集』より窺ったその兄弟間の篤い友誼に感動したと打ち明けている。

重野は明治初年の大阪と明治二十年代前半の東京で私塾「成達書院」を開設したが、塾生たちに、五経の素読や『文章規範』の授業を行い、読書の際に必ず筆記すること、作文上達のために数十篇の名文を暗記することなどの重要性を絶えず強調した。(28) 一八八三年に上京し三島中洲の二松学舎で勉強し、翌年は東京大学古典講習科漢書課に入学した山田準は、「當時先輩から、明治の三大文章家は成斎（重野）先生、甕江（川田）先生と我が中洲先生とであることを教へられた」と述べ、その後彼は一八九九年に熊本の第五高等学校に赴任、二年後、重野の故郷鹿児島の第七高等学校造士館の再興に伴い、同学の教授となった。(29) なお、東京の成達書院時代の門人で、一八九五年以降の二三年間にわたり台湾の漢詩文界で活躍した館森鴻（袖海）が、次のように恩師の文風と文章観を伝えている。

先生は文章に於いて、日本では弘法大師、次に物（荻生）徂徠を推してゐた。文は初め蘇東坡を習ひ、晩年に至って姚姫伝の文章を読んだ。全く姫伝風の文章がある。川田甕江も姫伝を読んだ。頼山陽の時代には『姫伝集』は来ず『帰震川集』が来てゐた。故に山陽の文には震川の文を論じたものはあるが、姫伝を論じたものはない。（中略）晩年は曾国藩の文章を読んで感心した。曾国藩は姚姫伝の文章に私淑してゐたので、随って先生も亦姚姫伝の文章を読み大いに之に感心した。その為に初め欧蘇であった文調は晩年に及んで変化した。(30)

一八九七年八月、重野（翌年、漢学支那語第一講座担任教授として東京帝国大学に復帰）は帝国教育会設立後の一回目の夏季講習会で「漢文講義」を行い、そのなかで「漢文の名家」として次のように桐城派の諸大家を紹介している。

又方望渓（苞）と云ふ人があります、此人の文章が近世の清朝に於て一体を為したる名家でありまして、方望渓の文が竟に姚姫伝に伝はり、此の一派が桐城派と云ふ者になりました（桐城は姚姫伝の居地なり）、そこで今の清人は桐城派の文でなければいかぬと頻に此の体裁を尚びますが、此の方望渓の論文杯を見ると極簡潔を主として餘計な言葉を先づ言はぬ様にすると云ふが此の人の精神で、そこで此の桐城派と云ふ方には短かいのが多い、花を成る可く落して実に許りしやうと云ふから、桐城派の文は枯淡に失すると云ふ評がある位であります、（中略）桐城派の人にして近頃曾国藩と云ふがある、是れは大人物であって、（中略）此人の文集には曾文正公集と云ふがある、其の文集を読んで見ると成程桐城派である、桐城派は前にも申す如く枯淡に流るるの弊があるが、然るに此の曾国藩の文は其弊がない、桐城派にしては花のあるハッキリとした文である。(31)

これによって見れば、方望渓や姚姫伝の「簡潔」を貴ぶという主張に賛成するものの、その文章が「枯淡に失する」という世間のマイナス評価にも同感していたようである。要するに、重野は、花と実すなわち外見の美と中身の充実を合わせ持つ文章を理想とし、曾国藩はこのような文章を作ることができたのは、彼が「経学も深い人であり、且つ事業家」でもあったからだと考えていた。

重野の桐城派文章観はその「読惜抱軒文」（惜抱軒は姚姫伝の室名）にもっともよく表れている。

桐城諸子之文。亦各有所長。方望渓邃于学。故其文精深渟蓄。如源泉出山。流委曲折。劉海峰壮于気。故其文跌宕漂逸。如奇岩怪石。猙獰逼人。姚姫伝豊于才。故其文遒秀婉約。如野花幽草。香色可人。比之宋文。望渓似南豊。海峰似老泉。姫伝似廬陵。但以揀擇出之。則桐城文派第一主義。此其所以異于宋三家也。姫伝親炙海峰。私淑望渓。其初作兼有海峰之気。及晩年。皮毛擺脱。刓方為圜。理義之精。可逐望渓。其言曰。経義考据文章。三者闕一不可。且曰。斯言之行。当期乎五十年之後。其自信如此。後世学者。以文章正宗帰之。有以也夫。(32)

ここで重野は、桐城派の方望渓（一六六八—一七四九）・劉海峯（一六九八—一七七九）・姚姫伝の学風や文格を、それぞれ「唐宋八大家」の中の（南豊）曾鞏・（老泉）蘇洵・（廬陵）欧陽修という三家のそれらに譬えており、「唐宋八大家」と桐城派の先達三人の学問と文章に対するその理解のほどを示している。さきの館森による恩師回顧談に「文は初め蘇東坡を習ひ、晩年に至って姚姫伝の文章を読んだ」という重野の文章学の来歴が紹介されていたが、青年期に「唐宋八大家」の文章を熟読しその文風に精通していたからこそ、このように桐城派の諸大家の文風とリンクして見事に対比させることができたと思われる。

とくに注目すべきは、彼が「経義考据文章。三者闕一不可」という姚姫伝の学問上の主張に大いに賛意を表していることである。それは、修史館の責任者として提案した漢文による『大日本編年史』編修事業を完遂させるために、経義・考据・文章の三つを学問の過程で統一的に把握し貫徹させていくべしとする姚姫伝の主張が、彼にとってきわめて魅力のある学問方法論と文章作法論であったからに違いない[33]。

新しく創立された史学会の会長として漢・和・洋三方の考証学の伝統を引き継ぎ、近代的実証史学を発展させようと努力した重野は、一八九〇年三月九日東京学士会院で「学問は遂に考証に帰す」と題する講演をした。その趣旨は次のようなものである。

西洋学では、演繹と帰納との二法に分けてあると承はるが、考証は即ち帰納の方でありませう。（中略）因て私は、世の中の学問は遂に帰納法、即ち考証学に帰せねばならぬものと思ひます。既に是迄の経験がそうなって居ります。支那の考証学は、大凡そ二百年前より始まり、日本は百年前、西洋は五十年前より起ったと申すこと、少々の遅速前後はあっても、世界中の学問が遂に一轍に帰したのは、世の開くるに随ひ、何事も精微着実になり、空論臆測では人が承知もせず、又それでは実用にも遠くなるから、事々物々、悉く証拠を取って考へ合はすれば、縦令間違ったことがあっても直に分かる[34]。

この重野の学問・教育の趣旨に対して、黎庶昌は、成斎の意は中（中国）東（日本）西（西洋）三者の長所を調合・融合させて一つになさしめんとするにあり、此を以て書を著し、此を以て教を立て、百変して宗旨を離れず、と称えている[35]。

町田三郎は、「成斎のこうした努力・主張は、明治一代が終り次の世代に移るころ具体的な形をもって学界に出現する。内藤湖南・狩野直喜・服部宇之吉らの登場とその活躍がそうである。ここに新しい「漢学」研究も生み出された。成斎はかれらのための、より正しくは日本的「漢学」研究、近代中国学のいわば地ならしをその生涯を通じて行ったのである。そしてつねに問題提起者であった」と論じているが、確かにその通りである[36]。

五　おわりに

斎藤希史氏が『漢文脈と近代日本』において、江戸時代の漢学者たちが想像もできなかった清国文人との直接交流が明治時代になってから頻繁に行われたという未曽有の局面を次のように描いている。

明治以前、すなわち開国以前の漢詩文について見るなら、朝鮮通信使と長崎という大きな例外はありつつも、現実には、日本人の漢詩や漢文は、もっぱら日本人が読むものでした。それが、明治になって清国と改めて国交を結んだことで、清国からやってきた官僚や文人とじかに詩文を交わす機会が到来した。わざわざ長崎に出かけて清国の商人と詩を交わしたり、朝鮮通信使を追いかけて何とか一筆書いてもらったりなどの苦労をしなくてもよくなったのです。とくに、宴席などで漢詩を作り合う、いわゆる唱和や応酬は明治期にはさかんに行われ、一大活況を呈したと言ってよいでしょう。また、日本人の漢詩文集に清国の文人が批評を付すことも、本場のお墨付きという側面もあって、大いに流行したのでした[37]。

本稿では、このような直接交流の重要な一側面である桐城派文章論の影響について、『方望渓文抄』をめぐる星野恒と王韜の切磋琢磨、藤野海南と宮島大八の桐城派「族譜」への収録の由来、および桐城派諸大家に対する亀井省軒と重野安繹の精彩に富んだ論評などを通じて分析した。いうまでもなく、このような新しい展開を見せた明治の漢学の形成要因として、日中間の文化交渉だけでなく、東西間の文化交渉も大きく働いていたものと思われる。そもそも条約締結に伴う外国公使の本国首都での常駐や、汽船による航路開通がもたらした人物往来の利便さなどは、近代西洋の文明と万国公法の体制を抜きにして語れないものである。このように日中間・東西間の文化交渉が織りなす人的・物的ないしは精神面でのネットワークおよびそれらが演出した壮大なドラマについて、今後も探究されつづけるべきものであろう。

付録　王韜「明清八大家文序」

日東人士。類多重文章。尚氣節。喜聚居於京都。通聲氣。立壇坫。相與切劘乎文字。以主持風雅。其負當世重名者。皆善操選政。於古今諸大家文。區別其流派。評隲其高下。示後學以準的。一時承風之士。無不奉為軌範藉供揣摩。蓋其風尚然也。竊謂此猶沿明季餘習。想當有明末造。賢士大夫耻食周粟。航海東來。如朱舜水戴曼公輩。皆久留不去。日之人士。聞風漸染。至今未變。星野豐城太史夙負雋才。供職詞林。以修史餘間。選有明及我國朝之文。凡得八人。於明得宋潛溪王陽明唐荊川歸震川。於我朝得侯朝宗魏叔子汪堯峰方望溪。而名之曰明清八大家。蓋以繼茅鹿門唐宋八大家而作也。採輯既成。持以請定於余。凡十巨冊。置諸案頭。時余方有日光山之行，豐城亦偕遊焉。途中憑眺興懷。時或賡韻閒吟。輒抒幽抱於詩歌。而未暇商搉為文也。游山甫畢。而余病。病少瘳。遂南歸。此十巨冊者。緘閉行篋中。未遑一閲也。今年入秋以來。時時病咳。每至徹夜不寐。一燈耿壁。萬籟俱寂。乃於藥爐火邊。稍稍繙閲之。余生平讀書。但觀大略。不求甚解。一書閲未數葉。旋即棄去。堆積几案。不自收拾。今應豐城所請。不得不把卷終閲。為之尋繹。漫加評泊。琢抉微奧。初以為苦。繼以甘之。丹黃在手。塗抹隨心。固居然讀書之一藥也。余惟此八家之文。流派既殊。蹊徑自異。根底六經。埽除羣説。白雲卷舒。青嶂透迤。此潛溪之文也。氣象光昌。才華博大。清輝流照。皎日當空。此陽明之文也。一空摹仿。絕去機鋒。遺貌取神。循塗順軌。此荊川之文也。氣息醇厚。法度謹嚴。香象渡河。飛鴻過塞。此震川之文也。揚葩吐藻。濯魄流芬。天馬行空。神龍見首。此朝宗之文也。一唱三歎。一波三折。旨寓環中。韻流絃外。此叔子之文也。引經據典。祖宋宗唐。雲錦燦爛。彝鼎陸離。此堯峰之文也。周規折矩。正笏垂紳。六轡在手。一塵不驚。此望溪之文也。此八家之文。於古文中。皆得為正宗。明初承元之弊。而潛溪起而振之。以弁冕乎一代。或有譏其平弱者。後世頗多微詞。然嗣起諸家。殫經畢力。務求新異。卒莫能出其上。陽明經濟學問。為有明三百年中第一偉人。文特其餘事爾。然已不可及已。荊川震川當橫流之際。摹擬剽竊。文體大壞。而能力矯之。不為所惑。古文正傳。賴以不墜。其功亦偉矣哉。我　朝開國之初。承明之弊。文統蓋幾乎絕矣。其時起而振之者。實惟朝宗叔子堯峰為三大家。鼎足而立。雄視東南。然三子之文。其趣不同。朝宗才人之文也。叔子策士之文也。堯峰則儒者之文也。後數十年而有望溪。堯峰邃於經術。與望溪同。特望溪取法昌黎。其源稍異爾。而其簡潔有法。精神獨運。實可與堯峰後先競美。

袁隨園亦以望溪之文為一代正宗。而又譏其才力之薄。似非通論也。豐城謂余云。一俟論定之後。即當速付手民。以詔學者。豐城冀望學者之精進於文也如此。我觀在昔日東雖與我瀛海相隔。不通往來。而其實同文之國也。尊崇孔孟。設立學宮。講道德。誦詩書。則古昔稱先王。皆自附於逢掖之儒。其承道學。即濂洛關閩之緒也。其論詩文。即漢魏唐宋元明之遺也。學校中所重而習者。皆我國之經史子集也。竊謂日東之勤學如此。使無字畫之異。聲音之別。其文章何難與此八家者頡頏上下也哉。

光緒六年庚辰仲冬中澣　　弢園老民王韜序於香海天南遯窟

注

（1）牧野謙次郎『日本漢学史』（世界堂書店、一九三八年）、三一七—三一八頁。

（2）緒方惟成『日本漢文学史講義』（評論社、一九六一年）、二〇一頁。

（3）佐藤一郎「江戸・明治期における桐城派」、慶応大学『藝文研究』五四号、一九八九年。江戸時代における桐城派の影響にまで言及したこの佐藤論文に気付いたのは、本稿の執筆時であり、すでに注（7）「明治漢文界における清代文章学の受容—星野恒編王韜評『明清八大家文』について」（『江戸・明治期の日中文化交流』所収、二〇〇〇年）および

「試論桐城派文論在明治漢学界的影響」（張伯偉編『風起雲揚—首届南京大学域外漢籍研究国際学術研討会』所収、中華書局、二〇〇九年）を発表している私にとって一種のショックであり、誠に「相見恨晩」の感がある。しかし、当初の目配り不足による遺憾は、佐藤論文の刺激を受けた本稿の完成によってほぼ解消されたので、佐藤一郎先生に心より感謝したいと思う。

（4）大庭脩『江戸時代における唐船持渡書の研究』（関西大学東西学術研究所、一九六七年）。『帰震川別集』は七一六頁、『帰震川集』は七一七頁、『壮悔堂全集』は四六二頁、『壮悔堂集』は四六三頁、『方望渓全集』はは四一五、六六四頁、『劉海峰全集』は五四九、五五六頁、『惜抱軒十種全集』は四八二、六二三頁、『古文辞類纂』は四八三頁、四九五頁を参照。

（5）川田甕江評『文海指針』（東京　小薬昌造・日下寛発行、一八七六年）。

（6）藤野海南「清国公使署重陽宴集序」、重野安繹編『海南遺稿』（敦復堂、一八八九年）所収。文中の「往時使至。不過一再会飲」というのは、おそらく江戸時代における朝鮮通信使の来日を指すだろうと考えられる。

（7）陳捷『明治前期日中学術交流の研究—清国駐日公使館の文化活動』（汲古書院、二〇〇三年）、王宝平『清代中日学術交流の研究』（汲古書院、二〇〇五年）、劉雨珍編『清代首届駐日公使館員筆談資料匯編』（天津人民出版社、二〇一〇年）、張偉雄『文人外交官の明治日本—中国初代駐日公使団の異文化体験—』（柏書房、一九九九年）などを参照。

（8）王韜『扶桑游記』（『走向世界叢書』、岳麓書社、一九八五年）、四〇七、四八〇、四八四頁。

（9）王文濡編・趙伯陶ほか整理『明清八大家文鈔』（上海古籍出版社、二〇〇八年）に趙伯陶氏の執筆した巻頭論文があり、それによれば、八大家文集の編纂に関する明代以降の主要な試みは、以下の通りである。

①明初の朱右編『八先生文選』（韓愈、柳宗元、欧陽修、王安石、蘇洵、蘇軾、蘇轍、曾鞏を収録）

②同右、朱右編『唐宋六家文衡』（蘇洵、蘇軾、蘇轍の「三蘇」を一家とするので、実際の内容は右の『八先生文選』と同じく八人を収録）

③明中晩期の唐順之編『文編』（内容は周代から宋代まで、唐代・宋代に関しては、朱右と同じ八人を収録）

④明中晩期の茅坤編『唐宋八大家文鈔』全一六四巻。『四庫全書總目』がこれを「一二百年來，家弦戸誦」と評価しているように、同書は「八大家」という呼び名を普及させた名編となり、後の編者はよく便乗して好んでこの呼び名

を使うようになった。

⑤ 清道光二十五年（一八四五）、李祖陶『金元明八大家文選』五十三巻は、金代の元好問、元代の姚燧、呉澄と虞集、および明代の宋濂、王守仁、歸有光、唐順之、あわせて八人を収録。

⑥ 民国四年（一九一五）、王文濡編『明清八大家文鈔』（上海文明書局）は、明代の歸有光、清代の方苞（望渓）、姚鼐（姫伝）、劉大櫆（海峰）、曾国藩、梅曾亮、張裕釗（廉卿・濂亭）および呉汝綸の八人を収録。

⑦ 民国五年（一九一六）、胡君復『當代八大家文鈔』（中国図書公司）、王闓運、康有為、嚴復、林紓、張謇、章炳麟、梁啟超および馬其昶、あわせて八人を収録。

⑧ 民国二〇年（一九三一）、徐世昌編『明清八大家文鈔』二十巻。右の王文濡による同名編著と違うところは、八大家中の劉大櫆の代わりに賀濤（一八四九—一九一二）という、張裕釗や呉汝綸の知遇を得た桐城派の後継者を入れた点である。

⑨ 二〇〇一年、銭仲聯主編『明清八大家文選叢書』（蘇州大学出版社）、明代の劉基、歸有光と王世貞、清代の顧炎武、姚鼐、張惠言、龔自珍および曾国藩、あわせて八人を収録。

(10) 王韜「弢園老民自伝」、『弢園文新編』（三聯書店、一九九八年）所収、三七一—三七二頁。

(11) 胡士明・李祚唐「前言」、姚姫伝『古文辞類纂』（上海古籍出版社、一九九八年）所収、三頁

(12) 黎庶昌「海南遺文序」、重野安繹編『海南遺稿』（敦復堂、一八八九年）。

(13) 「海南手記」、同注（12）、『海南遺稿附録』所収、五〇—五一丁。

(14) 三浦叶『明治漢文学史』（汲古書院、一九九八年）、八八頁。

(15) 竹添進一郎編『古文辞類纂』（啓文堂、一八八四年）

(16) 藤野海南「読論文彙纂第五編」、重野安繹編『海南遺稿』所収、巻三、四三丁。

(17) 姚姫伝の学問を継承しながらこれを超越した曾国藩について、黎庶昌は己の編纂した『續古文辞類纂』（楊家駱編『中國文学名著第六集』第三十二冊所収、世界書局）の「叙」において、次のように絶賛を惜しまなかった。

由是古今之文章。謬悠殽亂。莫能折衷一是者。得姚先生而悉歸論定。即其所自造述。亦浸淫近復於古。然百餘年來。流風相師。傳嬗賡續。沿流而莫之止。遂有文敝道喪之患。至湘鄉曾文正公出。擴姚氏而大之。並功德言為一

塗。挈攬衆長。轢歸掩方。跨越百氏。將遂席兩漢而還之三代。使司馬遷、班固、韓愈、歐陽修之文。絶而復續。豈非所謂豪傑之士。大雅不羣者哉。蓋自歐陽氏以來。一人而已。余今所論纂。其品藻次第。一以習聞諸曾氏者。述而錄之。曾氏之學。蓋出於桐城。故知其與姚先生之旨合。而非廣己於不可畔岸也。循姚氏之說。屛棄六朝駢儷之習。以求所謂神理氣味格律聲色者。法愈嚴而體愈尊。循曾氏之說。將盡取儒者之多識格物。博辨訓詁。一內諸雄奇萬變之中。以矯桐城末流虛車之飾。其道相資。無可偏廢。（句読点は陶による）

この黎庶昌の曾国藩贔屓について、近代の詞人・学者で、博学多識・蔵書豊富で知られる譚献（一八三二―一九〇一、号は復堂）が一八九二年四月二二日の日記に。「見黎蒓齋《續古文辭類纂》、是揚《經史百家文鈔》之波者也」という冷やかな批評を行っている。（范旭倉・牟暁朋整理『譚獻日記』、中華書局、二〇一三年、三〇二頁。なお、中国近代人物日記叢書の一つである同書のテキストは簡体字となっているが、ここでは繁体字に変換させている）。また、その二年前の一八九〇年に、すでに「吾輩文字不分駢散、不能就当世古文家範圍、亦未必有意決此藩籬也」（同書、一六九頁）と、古文を推賞する桐城派と一線を画した立場をはっきり打ち出している。

譚献の著述を多数蒐集した銭基博（一八八七―一九五七）が、譚献の文章論の性格を次のように位置付けている。

譚氏論文章以有用方體、有餘為詣。有我為歸、不尚桐城方・姚之論、而主張胡承諾・章學誠之書、輔以容甫汪中・定厰龔自珍、於綺麗豐縟之中存簡質清剛之制、取華落實、弗落唐以後窠臼、而先不分駢散為粗跡、為回瀾。

（同書、一八五頁）

（18）黎汝謙について、柴田清継・蔣海波「水越耕南と清国外交官との文藝交流 ―一八八〇年代を中心として」（『武庫川女子大学紀要．人文・社会科学編』五八号、二〇一〇年）を参照。

（19）張裕釗「日本岡鹿門千仞藏名山房文鈔序」、『濂亭文集』第一巻（蘇州：查氏慕見齋、一八八二年）、九頁。

（20）魚住和晃『張廉卿の書法と碑学』（研文出版、二〇〇二年）、二四三頁。同『宮島詠士　人と芸術』（二玄社、一九九〇年）一一四―一一五頁をも参照。

（21）宮島彦「在清留学意見」、同注（20）、二五二頁。

（22）魚住和晃「張濂亭と宮島詠士における信義について」、杉村邦彦・魚住和晃編集『張濂亭・宮島詠士師弟書法展覧図録』（東京、一九八四年）、一四六頁。

(23) 同注(22)、一四六—一四七頁。

(24) 受業菊池武貞「書省軒先生肖像後」、『省軒文稿』(東京・榊原友吉、一九〇二年)巻頭。日本国内に同書を所蔵する図書館が少ない。本稿で使っているのは、ハーバード燕京図書館所蔵の旧「古城文庫」本である。なお、秋元信英「東洋の學藝 明治七年、亀谷行『国史提要』の書誌と史学」(無窮会『東洋文化』一一二号、二〇一五年)を参照されたい。

(25) 亀谷省軒「読曾文正公文鈔」、『省軒文稿』第四巻、十六丁。

(26) 亀谷省軒「明文論」、『省軒文稿』第四巻、七—八丁。

夫文莫善於周秦，六經姑娘置之，如左國莊列孟荀韓管，各具機軸，發揮其妙，如八家則不過得其一端耳，故卓犖之士，欲直越八家而攀先秦，李王徐袁，無不皆然，而其不能接先秦者，蓋屬氣運，非工力所能及也，然徐袁諸家能闢八家所未闢，唐宋之外更有妙處，今之言古文者，專稱八家未免拘見。

(27) 「枕流館宴集序」、重野安繹著・重野紹一郎編『成斎先生遺稿』(一九二六年)巻一、九丁。

(28) 木場貞長「大阪時代の重野先生」、高於菟三「成達書院の顛末」。大久保利謙編集『増訂重野博士史学論文集補—重野安繹研究資料集—』(名著普及会、一九八九年)、一一二頁、一三八—一四一頁。

(29) 山田準「重野成斎先生に対する追憶記」、同注(28)、一一八—一一九頁。

(30) 館森鴻「重野成斎先生の逸事」、同注(28)、一三二頁。三浦叶『明治の碩学』(汲古書院、二〇〇三年、二四七頁)に所収の「館森袖海翁談 重野成斎先生」は大同小異ではあるが、ニュアンスの違う重要な指摘や関連の事実も含まれている。念のためにここで紹介しておきたいと思う。なお、引用時は文中の旧体字を改めた。

文は初め蘇東坡を習い、晩年に至って姚姫伝の文章を読んだ。全く姫伝風の文章がある。川田甕江も姫伝を読んだ。頼山陽の時代には姫伝集は来ず帰震川集が来ていた。故に山陽の文には震川の文を論じたものはあるが、姫伝を論じたものはない。私共は姫伝は表面は綺麗だが内容は足らぬから実がないと観ている。眼が肥えると震川・姫伝の文は軽く見えてくる。

先生が私に曰われた事がある。それは、谷三山と曰う聾者があって、森田節齋が之を訪ねたところ姫伝の文集を出してみせた。其の時偶然開いた處が「登泰山記」であった。節齋は感服して、三山に此の文集を借りて帰ったが遂に返さなかった。そこで世間では節齋は姫伝だと見ていると言う話か傳っている。姫伝の文は文格が正しい。「登泰山記」を読んで、桐城の文ここに尽きたりと曰うのは間違だ。他になかなかよい文があると語られた。先生は私に震川・姫伝を読めと曰われた。実は私は今になって読んだ事を悔いている。どうも之が筆癖になってついて廻る。そこで私共は先生晩年の文はよくないと見ている。

(31) 陶徳民編著『重野安繹における外交・漢文と国史—大阪大学懐徳堂文庫西村天囚旧蔵写本三種—』(関西大学出版部二〇一五年)、一一四—一一五頁。

(32) 重野安繹「読惜抱軒文」、『成斎文二集』(富山房、一九一一年)、巻三、二六丁。

(33) 考証学に関する重野の議論は、拙稿 "Shigeno Yasutsugu as an Advocate of Practical Sinology in Meiji Japan" (E. Hardacre 他編 ***New Directions in the Study of Meiji Japan*** (E.J. Brill Publishers, 1997) 所収。拙著『日本漢学思想史論考』(関西大学出版部、一九九九年) にも収録。

(34)『増訂重野博士史学論文集』(名著普及会、一九八九年) 上巻、三九—四〇頁。

(35) 黎庶昌「成斎文集序」、重野安繹『成斎文初集』(富山房、一八九八年)。

(36) 町田三郎「重野成斎の人と学問」、同『明治の漢学者たち』(研文出版、一九九八年)、九八頁。

(37) 斎藤希史『漢文脈と近代日本』(株式会社KADOKAWA、二〇一四年)、二〇〇—二〇一頁。

付記　本稿は近刊予定の拙著『近代日本における漢学の革新—漢文の読み書きと価値判断をめぐる文化交渉—』(関西大学出版部、二〇一七年三月) における第一章と第五章の一部の内容を組み合わせて加筆したものである。その内容の詳細、とくに星野恒選編『方望渓文抄』に値する王韜の評点全般については、同書の第五章を参照されたい。

Ⅲ

近世近代の東アジア文化圏における〈画像表現〉をめぐって

青木正児の画業とその南画認識
——金冬心、石濤を素材にして——

辜　承　堯

はじめに

明治十一年（一八七八）、「日本美術界の恩人[1]」と呼ばれているフェノロサ（一八五三—一九〇八）は東京大学のお雇い外国人教師として来日後間もなく、行き詰まった狩野派の絵画へ接近して傾倒した。明治十五年（一八八二）に龍池会での講演において、文人画（南画[2]）が文学の添え物にすぎぬことを理由としてそれを強く批判し、日本美術の枠組みから排除すべきだと、彼は主張していた。[3]このことを機にして、江戸中期から明治初期まで盛んであった南画は急速に衰えた。

このような南画不振の難局を切り抜ける一助となったのは、大村西崖（一八六八—一九二七）を中心に刊行された『東洋美術大観』（十五冊、一九〇八―一九一八年）であった。当初フェノロサの文人画批判に同調した西崖は、この叢書の編纂を機に、従来の偏見を振り切って中国絵画を見直し、「自然からの退却」の最も徹底した水墨文人画こそ称揚すべきものだと考えるに至ったのである。(4) なお、大正二年（一九一三）から七回にわたって『国華』に連載された田中豊蔵の「新南画論」では、南画を日中両国の絵画の精粋と見なし、これを東洋美術として日本美術史の中に位置づけなおすと主張している。(5) また、『白樺』や『早稲田文学』『美術新報』の誌上で盛んに論陣を張っている印象派、後期印象派と文人画との比較論説が相俟って、大正時代には文人画の再評価の機運が起こった。(6)

文人画評価の転換期であった大正初期において、青木正児（一八八七―一九六四）は明治四十四年（一九一一）、京都帝国大学文科大学（現京大の文学部）の支那文学科の第一期生として卒業した。同年十二月、辛亥革命の戦乱を避けるため、羅振玉（一八八六―一九四〇）と王国維（一八七七―一九二七）が書画、金石、甲骨など大量の文物をもち京都に移住した。また、清の滅亡により宮廷や貴族に所有された名品も市場に続々と現れ、海外に流出するようになった。それ故に、関西のコレクターたちは豊富な財力を背景に中国書画を購入することができ、次第に関西地方に主として八つのコレクションが出来上がった。(7) 輸入された数多くの書画に恵まれたからこそ、京都帝国大学の東洋史教授内藤湖南（一八六六―一九三四）をはじめ、長尾雨山（一八六四―一九四二）、富岡謙蔵（一八七三―一九一八）、本田成之（一八八二―一九四五）、青木正児など多くの学者は積極的に書画の展覧会を催し、中国書画への研究も高まっていった。

本論文は、以上の文人画の流れを踏まえながら、青木正児の清代初期の画家金冬心（一六八七―一七六三）への理解により、青木が金冬心の書画に心酔した原因を究明する一方、青木と同時代に生きていた画家橋本関雪（一八八三—一九四五）の著作『石濤』と青木による石濤（一六四二—一七〇七）の研究を比較し、石濤の芸術に関する両氏の齟齬を明らかにしたい。

一　道楽としての絵画への道程

明治二十年（一八八七）、青木は山口県赤間ヶ関（今の下関市）の裕福な家庭の次男として生まれ、父親坦平は医院を営む傍ら地元議会の議員を務める名士であった。坦平は白石照山に従い勉強したことがあったため、豊かな漢文素養を持っていた[8]。また、中国芸術に憧れていた坦平は南画家を家に招いたり、妻や娘に中国の音楽の稽古事をさせたりした。このような家庭環境のもとで育てられた青木は、「性孤峭にして幽独を好み、群児と嬉戯せず。或は家居して丹青を弄び、或は東岡に嘯して以て楽と為す[9]」と百身の述べているように、幼い頃から中国の絵画や音楽に親近感を覚えていた。

また、まだ十歳に満たない青木は、「骨董癖の父」が呼び寄せた骨董商の持っている古物から「丹表紙木版刷の絵本」を選び、父親に買ってもらった。そして青木はこの絵本に関し、「画風は狩野派で山水人物花鳥何でも有るが、子供の絵手本になるやうな平易な図柄は殆ど無い。私は其中最も簡単な『梅に鶯』『竹に雀』と云つたやうな図を半紙に敷写しして見ただけで其他はただ眺めては楽しむより外はなかつた[10]」と述べているように、狩野派の花鳥画を模写することから絵画の勉強を始めた。特筆すべき点は、この絵本の中で「唐人の琴棊《ママ》書画を弄ぶ」様子を描いている『四芸図』が、青木の「子供心に不思議でならなかつた」ことである。この画に表現されている琴棋書画の「四芸」が、文人の風雅なる遊びとして備えるべき芸才という認識が青木の心底に響いていたということなのである。これは青木が生涯かけて「文芸」[11]の立場から中国文学を研究すべき主張の原点とも言える。

明治四十一年（一九〇八）、青木は京都帝国大学文科大学に入学し、その一年生の春に、「日本美術史概説」を講じる瀧精一の「指導で奈良に古美術見学旅行」に参加した。[12]また、在学中の或る夏休みの帰省している間に、「南画を画く人を親父が東京から連れてきておりまして、知人を世話してこの人に絵を画かせ」た。そして「ぶらぶらしているのなら、絵でも習え」と父親に言われ、この南画家に従い画を勉強し、「そこで南画へ入る素養ができたわけ」である。[13]

卒業後、青木は恩師狩野直喜の推薦を受け、大日本武道会武道専門学校（旧制、一九四七年に廃校）で漢文を教授する職を得たが、「飯櫃の漢文教授の余暇には国書を繙く日は少なく無かつた。而して一方では少年時代に好んだ画癖が再発し、塗抹に貴重な光陰を費し[14]」たようであった。後に同志社大学文学部の教授の職を得たが、「その学校に中国文学専攻の課程はなく、外様大名であった[15]」という、不遇時代であった。この時期の心情は当時の随筆からその一端が窺える。

業を畢るの後、先君余をして更に大学院に進ましめんと欲す。時に家兄遊学して美国に在り、余先君が老いて余等兄弟の為に劬労するを悲み、乃ち先君に白して曰く、児久しく樊籠の中に在りて其の拘束に苦む、請ふ暫く京洛山水の間に放情せんと。先君雅と余が性の困学に適せざるを知る、則ち強て鞭撻せず。是より余老師に頼つて過活の途を得、舌耕して纔に口を糊す。先君余が買書の資無きを憐み、数々之を給して隠かに激励す。然りと雖も余猶ほ旧習を改めず、或は学を廃して酒に沈湎し、興到れば毫を撚り塗抹を事とし、以為らく文芸は畢竟己を楽ましむるに在るのみ、必ずしも刻苦するを要せずと。[16]

大学を卒業してから父親の大学院への進学の期待に沿わず、青木は自由無碍の天地で自分の趣味を楽しみたいと考えつつも、西洋の近代文明を盛んに吸収しようとする大正時代の潮流の中に立ち、中国文学を専攻としたことにより、将来の方向性を見失っていく。「何の為に日本人たる私が支那の事を研究せねばならぬのかと疑ひ始めた。徳川時代までは支那の書から得た知識が其のまま日本人に間に合つた。然し西洋文化が押寄せた時世に此様な物をいつて居て何になるであらう」[17]と心中のためらいを吐露している。将来への不安を抱えていた青木は当時、絵心が動きだし、文学研究を諦めて画家の道を辿ろうと真剣に考えたようである。大正二年（一九一三）に結婚して間もなく、新婚の妻に「画かきになろうか」[18]とまで言った。さらに、一九六四年（青木の逝去した年）七月に、後学の吉川幸次郎、神田喜一郎、木村英一ら四人で行われた座談会において、青木は以下のように思いを述懐している。

その頃（大正三、四年）、学校がいやになって、絵かきにでもなろうかと、まじめに考えておった。京都の絵かきは四条派ですから気に食わぬし、そうすると先生がおらぬものですから、やっぱりそういうことをするより学校の先生をした方がええかな、と思ってね。もうすこし自信があれば絵かきになっておったけれども、自信がないんですよ。[19]

子供の頃から師事する先生がないまま独学で技法習得や画論を暗中模索していた青木は、「絵かき」になることに自信を持てなかったため、結局画家の道を断念してしまい、再び中国文学研究の道に立ち戻った。「世の青年達がぞくぞくする西洋近代の文芸に酔うて泣いたり笑つたりしている間に、虫の喰つた『離騒』でも繙いて二千年昔の黴を嗅いで居る自分の運命も面白いものでは無いか。（中略）虫は喰つても、黴は生へても『離騒』は『離騒』だ。真の文芸や大思想に古い新しいは無い筈だ。（中略）皆が皆新しい物新しい物と同一方向に走つたならば誰も古い事をやる人は無くなる」[20]と、青木は大正四年（一九一五）の随筆で語っているように、相当な困惑や苦悩の末に、彼は中国文学研究の決意を固めたのである。

しかし、青木は選ばなかった絵画が、不遇時代の彼に慰めを与えたことは見過ごしてはならない。例えば、大正四年（一九一五）、青木は軽妙洒脱な筆致で書いた随筆「自画自賛」の中で直筆の絵に自ら画賛を書き込んでおり、この画賛から、作画を通じて青木に齎された楽しさを垣間見ることができる。[21]

また、卒業後から東北帝国大学への転任（一九二三年）までの在洛時代に、青木が内藤湖南の宅によく出入りし、書画について「講釈を聞いて、かいて」いたようである。そして内藤と長尾雨山を中心に催した「蘭亭会」、「寿蘇会」や清朝書画の展覧会にも参加した。[22]さらに、大正十一年（一九二二）、青木は水墨画に興味を持っている在洛の同好者を集め考槃社《こうはんしゃ》を結成した。[23]そして親友本田成之の仲介を通じ、大正十三年（一九二四）四月に南画界の重鎮富岡鉄斎（一八三七―一九二四）にこの画社の活動に参加してもらった。その後鉄斎の蔵品を借りて「支那名画展観会」を開こうとするが、同年十二月鉄斎の突然の逝去により、青木たちは予定を変え、翌年（一九二五年）三月一、二日に、考槃社の主催により鉄斎追悼を目的にした翁の遺墨を展覧し、青木が開催の辞を述べた。そして展示された作品は後に『鉄斎翁遺墨集』として刊行された。なお「支那名画展覧会」は同年から四回にわたり開催され、その成果として図録『考槃社支那名画選』を三冊にまとめて出版された。[24]

東北帝国大学で教鞭を執っていた期間、青木は正月にしばしば、同僚であり夏目漱石の高足でもある阿部次郎の家で、中国哲学の武内義雄、独逸文学の小宮豊隆、医学者であり文学者でもある木下杢太郎や美術学者の児島喜久雄らと共に、書画の会を催した[25]。

「凡そ私の虫すかぬ物は南画の山水と謡曲と茶人趣味とであつた。謡曲は今でもあの声を聞くことは苦痛であり、茶人趣味は別に痛痒を感じないが、南画の山水は無上に好きになつた[26]」と青木が披瀝しているように、彼は絵画の道を選ばなかったにもかかわらず、絵画を道楽として生涯を通じて楽しんでいた。『青木正児全集』に収めている著作を見る限り、『金冬心之芸術』を嚆矢として、顔真卿、趙子昂、黄公望、石濤、徐青藤、何紹基などの大家の芸術に関する論文が見られるほか、王維の『画学秘訣』、張彦遠の『歴代名画記』、荊浩の『筆法記』、郭熙の『林泉高致』、郭若虚の『図画見聞誌』、韓拙の『山水純全集』、鄧椿の『画継』、湯垕の『画鑑』、黄公望の『写山水訣』、さらに、死後に出版された中国画の百科全書と呼ばれる『芥子園画伝』などの訳業が挙げられる。まさに中国絵画への嗜好が青木の生涯を貫いていたと言える。

さて、以上のように論文や訳業に示されているように、中国の画論に精通していった青木は、めったに友人に自作を贈らないため、筆者の調べでは、図1~図5のような数点しか確認できない。これらの作品を見ると、その共通点は青木自筆の詩が書かれたほか、潤いのある墨の筆触、繊細な線描で樹木や人物を描いている。しかし、「私も子供の頃洋画を好み、学窓を出た直後写生派風の日本画のまねことをすさび、晩蒔きながら南画に転向した（中略）私は写生主義で、主として構図に腐心する方であつた[27]」と青木が語っているように、彼の作品は伝統的な文人画の素材としてよく描かれた山水や樹木をそのまま表現してはいるものの、明治期から積極的に取り入れられてきた西洋の遠近法や絵画の造形性を用いようとする態度が看取できない。また、青木の親友によると、青木は浮世絵風の美人画も得意で、「青木さんの絵の作品の中で、中国美人の剣を持って舞っていたのがあった（中略）当時日本にも来遊した中国京劇の名女形梅蘭芳の舞い姿ではなかったか[28]」や、「先生の所へ伺った時には、枠に絹を張って、本格的にお描きでしたそれが、艶麗な美人画なんです[29]」などと証言している。

二 「至誠天に通ず」——金冬心との邂逅

前述したように、青木は絵画の道に進むことはなかったにもかかわらず、それに強い憧れを持ち続け、大正九年（一九二〇）、清代の異色の文人画家金冬心を紹介する『金冬心之芸術』を処女作として世に出した。「私が先生の大芸術に醒された頃はまだ日本では一向先生の価値が認められていなかった[30]」と青木が語っているように、フェノロサや岡倉天心の文人画批判による明治中後期の南画暗黒時代への反動として、大正時期になると南画ブームが画壇を席捲していった。このような南画再評価の時代背景のもとに、青木は金冬心を取り上げて独自の南画論を展開した。

金冬心は清代中期、塩・穀物などの運輸で栄えた都市揚州を舞台に活躍した文人画家グループ「揚州八怪」の一人で、中国文人画の特徴である書画一体、すなわち画面上に自作の詩文を書き込む詩書画の三絶を兼ねる芸術である。金冬心の作品が日本へもたらされたのは少なくとも彼の晩年（乾隆中葉の一七七〇年頃）まで遡ることができる[31]。しかし、金冬心の書法は力強い筆致を持っていたため、日本側の書家は関心をあまり示さなかった。中川一政の研究によると、金冬心の書法研究に取り組んだ最初の日本人は富岡鉄斎であることが分かる[32]。

ちなみに、芥川龍之介は青木とほぼ同時期に金冬心の絵画に関心を寄せており、「金冬心の竹の画見に来、ひさかたの雪茶を煮つつわが待つらくに[33]」という短歌を詠んでいた。また、川端康成がノーベル文学賞の受賞式で行った講演「美しい日本の私」では、明恵、西行らとともに金冬心の名前が挙げられ、その墨絵の神髄を説明するために、彼の「能画一枝風有声」（能く一枝を画き風に声有り）という詩で彼の絵画の魅力を紹介した。内藤湖南は『支那絵画史』において、「金農の画は日本の琳派の画のやうで、更に荒つぽい野性を帯びた趣味を画くのである。此人は文字に於てもさうである[34]」と評している。つまり、青木の『金冬心之芸術』を発端とし、文芸界、画壇では次第に金冬心の芸術的価値が発見されていったとも言える。

『金冬心之芸術』を出した二年後（一九二二年）の三月に、青木は江南の春を訪ねる旅に発ち、金冬心の故郷である銭塘（今の杭州）やその晩年を過ごした揚州へ足を運んだ。山紫水明の西湖風景を満喫した青木はある晩、その畔をのんびり歩き回っている途中に、「反古のやうな拓本が並べ」られている露店で金冬心の梅の図を一枚、華嶽碑の臨本を四枚見つけた。この意外な宝物を手に入れた青木は有頂天の歓喜を抑えられず、次の一文を書き綴っている。

冬心先生。私が南画の妙味を覚えたのも全く先生のお蔭です。私が北碑一派の書の味を覚えたのも先生のお蔭です。私が乾隆時代の文芸に憧憬れ始めたのも先生有るが故です。伝統的な南画に少しも興味を持たなかつた私は、先生を見出す事によつて忽然として目が醒めました。尋で石濤を見出しました、陳老蓮を見出しました、徐青藤を見出しました、遂に倪雲林まで遡りました。今では伝統的な四王呉惲にも相当の理解を持つやうになりました。私は南画を口にし始めたのは先生に始まるのです。（中略）今、茲に先生の郷里たる杭州に於て、安物の拓本ながら先生の芸術の片影を露店に得た喜は、宛も先生に目のあたり謦咳に接し得たかの感が有つて、私の喜は絶頂に達しているのです。至誠天に通ずとでも云ふのでせうか[35]。

金冬心の書画をこのままの手ほどきにして、南画への鑑識眼を養った青木は、至誠の意によって言語不通の異国で金冬心と出会わせたと思っていた。そして、金冬心の発見を契機にして、青木は石濤、陳洪綬、徐渭、倪瓚、四王呉惲などの芸術を次々と探求していった。

三　金冬心への傾倒の要因

上記の披瀝文では、褒め言葉を惜しまずに金冬心を絶賛する青木の気持ちはよく読み取れるが、青木が金冬心の如何なる所に魅了されたかという疑問は出てくる。次は青木の金冬心の研究に基づき、四つの方面からその原因を明らかにする。

第一は、金冬心の我と思わん自信と権威に屈しない批判精神である。金冬心は詩書画に堪能であったが、彼の『画竹題記』の自序で「年六十を踰《こ》え、始めて画竹を学ぶ[36]」と語っているように、幼少の時からすでに長じた詩文や、青年期から始めた金石の拓本蒐集によって培われた書道の才能と比べると、絵画の技能はやや見劣りしていると思われる。そのため、これに関して青木は、「彼素と詩人、其の画は其の詩と書とを得て一段の光彩あり、彼に詩なかりせば其の画はただ奇怪拙劣の児戯に過ぎなかつたかも知れぬ[37]」と評している。しかし、文人画の代表的な素材である竹に愛着を覚えた金冬心は、自分の墨竹画に相当に自信をもっていたようである。

三載中に画竹に題記せる詩文五十八篇を得たり。広陵の江鶴亭は版を鏤し世に行わんとす。近頃復た竹を画いて倦まず。別に新意を出す。自ら謂ふ老文坡公に此の法無しと。時に興化の鄭進士板橋、曽て七品官たりしが、亦此の長を擅《ほしいまま》にせり。（中略）益々吾が両人の画竹は、皆世人に重んぜらるるを信ずるなり。板橋これを聞かば、能く囅然《てんぜん》として一笑せざらんや。(38)

書画一致を説き文人画の先駆けをなした坡公（蘇軾）や、胸中に成竹ありという逸話の主人公である老文（文同）には、このような「新意」の墨竹画はないだろうと密かに考えていた金冬心が、墨竹の名手として画名を馳せている同時代の鄭板橋と一緒に世人に重んじられると放言していた。大変な自信とそれから生じた権威への反発という金冬心の昂然たる気概に感銘を受けた青木は、『金冬心之芸術』が出版された翌年（一九二一）に次のような一文を書いている。

芸術家は須らく他を見廻す前に、先づ自己を内省しなければならぬ。自己の天分を見つむる事なしに、自己の進路の見出されやうはづは無い。若し芸術家から自信を取り去つたならば、彼は一歩も前進することは出来まい。(39)

青木は自分の才能を見極めるという内省によって得られる自信が、芸術家として不可欠な資質であると呼びかけたのみではなく、自分自身もこれをモットーとして実践した。例えば、外国の文学研究において、外国人が該当国の文学研究者に対して劣等感を抱いている現状について、青木は「岡目八目」の方法論を提起し、即ち自信を前提にして、「之（中国学者）と拮抗せんと欲するには、必ずや其の虚を突かねばならぬ[40]」と考えている。この方法論のもとで、青木は当時の中国研究者にはあまり重視されなかった戯曲小説などの俗文学に着目し研究に取り組んだのである。また、東京大学の後に設立された京都帝国大学の一員として、青木は伝統の有る東大の漢学研究に対し対抗的な意識が強かった。この点に関して、『金冬心之芸術』の出版元である彙文堂の雑誌『冊府《さっぷ》』に青木の文章がよく見られ、その内容は「概ね京大支那学出身在洛浪人連中匿名の暴れ書きなり[41]」と東京の漢学権威への反発を漏らしている。

　第二は、時流を追わず俗世を超越した金冬心の己のための芸術追求である。三十代の頃から、金石に詳しい八分書を善くする朱彝尊《しゅいそん》との付き合いによって、金冬心は金石への関心を持つようになっていく。後に彼は「禅国山碑《ぜんこくさんぴ》」と「天発神讖碑《てんぱつしんしんひ》」に触発され、「漆書《しっしょ》」と呼ばれる刷毛《はけ》で書いた字に細いひげを付けたような書法を取り入れ、従来の帖学から逸脱した書風をなした。楊守敬の『学書邇言《がくしょじげん》』で「鄭板橋の行楷、金寿門の分隷の如きは、皆前人の束縛を受けずして自ら蹊径を闢けり[42]」と評しているように、金冬心の書は強烈な自我から生まれた筆致をもっている。また、画については、名利の場を離れ恬淡洒脱の境地を求める金冬心が次のような画賛を残している。

　先民の言有り、同《とも》に能くするよりは、独り詣《いた》る如くはなし。また、衆の毀《けな》すよりは、独り賞するに如くはなし。独り詣《いた》るは己に求める可きも、独り賞することは、其の人に逢うこと罕《まれ》まり。予の画竹におけるも亦然り。時流に趨《はし》らず、名誉を干《もと》めず、聚篁《しゅうこう》一枝之を霊府に出《いだ》せば、清風満林、惟だ白練雀の飛び来りて相い対するを許すのみ。(43)

時流に左右されず、名誉を求めず、という心構えを以て竹を心の底から描き出せば、清風が林に満ち、百鳥が飛んでくる境地に至ると説いている。これは青木の気質とよく似ている。俗事を嫌うという青木の性格は、彼の親友の回顧談にも多く見られるが、さらに昭和十七年(一九四二)、青木が弘文堂より出した『麗澤叢書』の端書きで、青木は「旧きを守らず新しきを追はず、勢の赴くままに書の成るに随ひ、次ぎ次ぎに之を世に贈りつつ、ただただ支那文化の忠実なる紹介者たらんことを期するのみ」(44)と書いている。そして、前に触れた卒業した後、「文芸は畢竟己を楽ましむるに在るのみ、必ずしも刻苦するを要せず」と吐露している青木の心情は、金冬心の「時流に趨らず、名誉を干めず」に通じているのではないか。加えて、金冬心の画に対して、青木がその物象表現の純朴さを強調し、「其の樹法は写生より出発して己れの意を以て筆を行り、毫《ちつと》も古人の糟粕《そうはく》を嘗めず。(中略)画人の径蹊《けいけい》に縁《よ》らず、克く窠臼《かきゅう》を脱し、独特の芸術の天地を濶歩した」(45)と高く評価している。自我の創意を尊び自己の独特な風格を作り出すという金冬心の芸術に対する心得は、青木のそれに通じている。

第三に、恬淡幽雅の香りが漂う金冬心詩作の趣である。金冬心の詩文は格調が孤高で、特に画賛の小品文は鄭板橋のそれと共に乾隆文壇の双璧と称えられている。今関天彭が論文「金冬心の詩文」で指摘しているように、金冬心の詩は、その書画と同じく一種の型破りであり、決して尋常ではない滋味(趣)があるという。(46)それでは、青木は如何にこの「滋味」を理解していたのだろうか。青木の愛してやまない金冬心の《池上賞蓮図》の題画詩を例に挙げてみる。

荷花開了、銀塘悄々。新涼早、碧翅蜻蜓多少。
六六水窗通、扇底微風。記得那人同坐、纖手剥蓮蓬[47]。

長短句を用い豊かな詩情に溢れている題画詩である。現在、金冬心の上記の絵は見られないものの、青木がこの題記に基づき扇面画の創作（図5）を試みた。初夏、太陽の光に照らされてきらめく湖面、青々とした蓮の葉の間に遊んでいる蜻蛉、扇子を揺らすと体に染み渡る蓮の花の薫り、池の畔にある回廊に立っている男子という構図である。このような美景を目の前にした男子が、過去に佳人と並んで座っていた情景を思い浮かべたが、今もその時の季節と同じ、蓮の実が実る時期になったが、佳人がいなくなり、男子独りでその寂しさに耐えられないという切ない心情を書き出そうとする絵である。またこの金冬心の題画詩に対して青木は、「沈静と幽雅とは彼の詩を組立てたる基調である。その中に山寺の梵声を聞くやうな趣は漲つて居るが、併し無常を観ずるやうな悲調は見出されぬ、其所には矢張芸術家らしい瀟洒たる軽快さが漂つて居る」と論じ、その詩文の基調を詩情にあると捉えている。さらに、その詩情に溢れている題画詩は清新な画風と相俟って、一層青木に感動を与えた。その理由は、「其の飄逸な筆致、曠達な思想、其の画は此の題記を得て益々興味を深からしむるを覚ゆるのである。宛も俳文でも読むやうな機のきいた恬淡味は甚だしく予の嗜好に投ずる所である[48]」と述べているように、青木は金冬心の芸術に潜んでいる「恬淡味」を見出したのである。

第四に、金冬心の画に表現されている古拙の趣をもって、西洋美術に対抗しようとする青木の狙いである。二十世紀の初頭、西洋では自然の光を忠実に写し取り、写実主義を尊ぶ印象派が衰え、その反動として生じたポスト印象派は、絵画を通じて画家の内なる感情の表出を強調する表現主義へと移っていった。このような芸術思潮は明治四十三年（一九一〇）に創刊した『白樺』において、土田麦僊、萬鐵五郎のような画家を含め、文学、建築、音楽などの領域に波紋を投じた。その影響により田中豊蔵の「南画新論」（一九一二年から翌年にかけて『国華』に七回にわたって掲載）を起点に、日本の画壇では日本美術の枠組みから排除された南画を再評価し、南画を近代的美術と位置づけられる言説までも見られる。[49] このような時代背景のもとで、青木は金冬心を南画家の代表として取り上げ、南画が西洋美術に匹敵する芸術だと次のように論じている。

此の古拙と云ふ趣味は支那近代に於て発達を遂げた特殊なる審美観であつて、清朝に至つて隆盛を極めた学問上の古代研究と絵画に於ける気韻を第一とする考とが結合して書画の上に著しく顕れ来つたもののやうである。実際南画論を詮じつむれば如何しても此所に帰着せねば収まらぬのである。近年仏国で起つたと聞いて居るかのゴーホやゴーガンやマチスの徒、所謂野性派なる者の主張する所、殆ど之に類するものがある。そして彼此の間に百五十年の距離があることは吾々支那芸術に興味を有する者の聊か誇を覚ゆる所である。今此の誇の一部分を示す為に余は其の連中の一人なる冬心先生を選んで語らんと欲するのである。[50]

近代以前、中国の審美観において最も尊重されている気韻と古拙との結合によって、南画芸術の極致が達せられた。このような特徴を有している南画はポスト印象派の表現主義と似ており、西洋現今の表現主義の潮流に百五十年ほど先行しているという見解を持つ青木が、西洋画に対して東洋画の歴史的優位を主張し、「聊か誇を覚ゆ」ている。金冬心の絵には「西洋画のスケッチに似た構図が多い」、その絵から読み取れる古拙の価値観を以て、西洋側の芸術に対抗しようとする青木の意図が明らかに見える。

青木の『金冬心之芸術』にやや遅れ、梅沢和軒は論文「表現主義の流行と文人画の復興」において、日本は鳴り物入りで登場した西洋の表現主義の亜流に靡くより、むしろ南画の精髄である「気韻生動」を取り入れて「東洋主義」の大道を歩むべきだ、という見解を示した[51]。これは青木の、「新時代の芸術を建設しつつある若き友よ、西洋料理に舌鼓を打つ諸君の味覚を一たび珍妙なる支那料理に於て試して見なければお話にならぬ。ゴーホやゴーガンに慣れた諸君の舌は必ず金冬心や石濤に於て理解と暗示とを得る可き筈である[52]」という訴え、即ち東洋芸術に潜んでいる精髄を吸収することを通して、新しい芸術の価値を作り出そうとする意気込みとつながっているのである。

また、一九二四年に刊行された『南画への道程』において橋本関雪は、「明末から清朝になるとゴオホやゴオキャン又は現今のマチス、ドラン、ヴラマンクなどの如く野性派の作品と傾向が同一になつて、『生命の流露』即ち醜なるもの、悪なるものも本来の人間性を偽らず内なる欲求のままに発現することを以て気韻生動に代はるものとして居る。同時に古拙を尚ぶ芸術が生れたのである[53]」と述べ、西洋美術を崇拝する日本人に、二百年前の明末にすでに表現主義と似ている文人画が発生した、という点に注意を促している。時系列的に見れば、青木の著作のほうが早く、彼の卓識の一端を窺うことができる。

四　金冬心論の延長線上の石濤論——橋本関雪に批判された標的

『金冬心之芸術』が刊行された翌年（一九二一年）、金冬心の芸術によって書画への鑑賞眼が開かれた青木は石濤を見出し、雑誌『支那学』に論文「石濤の画と画論と」に投稿し掲載された。この論文では、まず石濤よりやや早い時期の八大山人（一六二六―一七〇五）と石谿《せっけい》（一六一二―一六九二）との三人の画風を比べ、三人とも「単騎独行的のすね者」であり、「その画風に著しき類似を見出すことは出来ぬ」と論じており、石濤の風格は「乱暴だと思はれる程に奔放を極めている」八大山人と、「意気地が無いでは無いかと怪まるる迄に謹厳を極めている」石谿の間に位置したことを指摘している。[54] 次いで石濤の作品の構図、筆墨の手法及び彼の画論書『画語録』を考察し、石濤の芸術の深層面を明らかにしようと試みた。

ほぼ同時期に石濤に注目した橋本関雪は、『南画への道程』（一九二四年）、『関雪随筆』（一九二五年）、『石濤』（一九二六年）等において南画、特に石濤に関する論考を世に問うた。その著作において青木を批判する言論が数箇所あり、筆者は両者の論考に基づき、石濤の芸術をめぐって生じた彼らの齟齬を解明しようと思う。

明末に生まれ、明の滅亡に遭った石濤の境遇に関して青木は、「彼の出家には亡国の悲劇の恨みが潜んでいる」、彼の画から「一種のわびしい気分が漂う」と評している。[55] この点について、関雪も「石濤の画のいづれにも見ることの出来るさびし味は、ややもすれば人の能く見得ない所」であり、「私は石濤の画に共鳴することはこの淋しみである」[56]と語っている。石濤の芸術に潜んでいる「わびしい味」は亡国の心情を投影したものだ、と両氏ともに指摘しているが、同時に、石濤の作品を「独歩的芸術」、「高蹈的芸術」と称えている青木が、その芸術の真髄を明言しなかったことに対して、「素樸、真卒、端的、童心、と云つた単純卒直な人間性」をありのままに表現したと、関雪がその理由を補足している。[57]

両者とも石濤の画が寂しさを帯びているという点を認識しているが、青木が論文で石濤と八大山人、石谿三人の画風を比較したことに対して、関雪は「よく石濤と石谿と比較する人があるが、それはほんとうに目の開けて居ない人である。石谿は筆の巧みであつたと云ふ以外にソウ大した深みのある画でない。仔細に見れば可なり俗習さへある」[58]と批判している。即ち俗習がまだ残っている石谿の作品は石濤のものと同列に論ずることができないのである。

さらに、清の画家張庚の絵画品評の著作『国朝画徴録』における石濤に対する評価「筆意縦恣」に従い、青木が「其の縦恣は古法の破壊と自法の建設と云ふ根柢から生え出でている、単に無定見な暴れ書きでは決して無い。大体のやり口は、自己の心境を表現する為の筆墨だから我意を満たす所まで運んで了へばそれで筆を収めると云つた風で、必ずしも形の似るを求めない」[59]と説明を加えているが、これについて、関雪は「石濤の画趣縦恣、法則などに無関心であつたかと云ふと決してそうで無い」[60]と主張している。これは絵画はもともと一定の法則がないため、禅僧である石濤はただ禅宗の「不立文字、見性成仏」の教えに則り、自我をもって法の根本義にしたのみだと、青木の「法の破壊と自法の建設」という見方を手厳しく批判したのである。さらに関雪は「性情以外に画法のあるべき筈なく、今日云ふ所の個性の尊重を以て画法の根本をせねばならぬ」[61]と述べ、石濤の画法を個性尊重に帰着させた。実は青木の言った「我意を満たす」と、関雪の「個性の尊重」とは、それぞれの到達点が同じものとはいえ、青木の立脚点――古法の破壊と自法の建設――が関雪の攻撃の的になったのである。

また、青木はこの「我意を満たす」という立脚点に立ち、石濤の画論『画語録』の中の「一画章」を解釈する際に、「其の『一画』の法なるものは決して他より受け来るもので無く、『我』より創始すべきものだと云ふ意見が其の論の骨子を成している。之を要約すれば因襲的画法の破壊と個性的画法の建設との二点に帰着する」[62]と、石濤の創作理念を「因襲的画法の破壊と個性的画法の建設」と解釈していることになる。これに対して関雪はまた禅宗の立場から、「一画とは直裁《ちょくせつ》を意味し、画法とか画とか云ふ意味よりも自我とか性霊とか云ふ方が至当である」と捉え、即ち芸術家自身の性情を通じて描かれた自然観照といい、上述の批判のように、「画法など云ふものはもともとないものである。自己の性情が主である」(63)と反論し、随筆で以下のような不満を漏らしている。

玉堂も石濤も世間に紹介したに就ては、かく云ふ自分等が発頭人であるが、一人が宜いと云ひ出すと、中には何も知らぬような連中まで、尻尾について嘶し立つるには一寸眉を顰めざるを得ぬ。この頃、ある支那学者が、京の南画家を集めて、石濤の画語録を講義しつつあるとか云ふことである。講ずる人も、聞かされる人も、一種の悲哀である。石濤の画語録は、石濤の心持ちを以て入らねば到達し得ぬ。禅語に類したものである。(64)

浦上玉堂と石濤との芸術の真価を世間に紹介する「発頭人」と自認していた関雪が、その批判の標的である「ある支那学者」について、それが誰であるかを彼自身は明言しなかったが、以上の考察から推察してみると、その標的は青木ではないかと思われる。(65)そして、「京の南画家を集めて」ということは、大正十三年(一九二四)、青木と本田成之を発起人として、京都周辺の南画家野崎霞山、栗林太然、人見少華、山口八九子、大河内夜江、小笹淑生諸氏と共に結成した考槃社を指していることは明白であるようにと思われる。青木が石濤の『画語録』を講じたことがあるかどうかは、確かな記録が残っていないため断定しがたいが、当時考槃社のメンバーの一人であった草刈樵谷は、「考槃社は毎月百万遍の中国料理屋で集合した。(中略)青木さんは中国画人の話をよくされた。石濤和尚の事、陳老蓮の事」(66)と振り返っている。この回顧文からみると、批判の標的は青木であったことを一層確実なものであろう。

以上に挙げられた両氏の齟齬をまとめてみると、端的に言えば、石濤に本当の画法が存在するかどうかということを巡った争いであった。実は石濤芸術の神髄に対し両氏の見方はあまり分岐していない。にもかかわらず、文人画の真髄については、青木の「遊心」[67]論と橋本の「生命の流露」とは意外に一致している。この「遊心」について、青木は以下のように述べている。

遊心とは芸に遊ぶの心である、道楽気である。語を換へて云へば自己を楽ましむる以外、何等の欲求も目的も持つていない芸術的心境である。(中略)徹底的遊心の結晶は外部に対して堅く目を閉ぢた自我的享楽の境地に立て籠るに至る、そして其れは遂に自己の芸術に対する鑑賞者を度外視することとなる。(中略)所謂文人画なるものが貴ばれる所以も此の遊心の尊い現れがあるからだ。[68]

「遊心」に対して青木は、真の芸術は己を楽しませるる以外の欲求を持たず、ただ画家自身の内なる精神を表出すべきのみだと理解している。この説明は神秘的で捉えがたいかもしれないが、関雪の「生命の流露」は画家の立場から次のような理解を示している。

画は形似より精神を尚ぶと云ふことは、その端を早く発し、寧ろ画が起ると共に唱へられ古く行はれて居たにも拘らず、その運動が露骨になつたのは漸く明末清初からである。そして形似を軽んずることが露骨になると共に、古拙若しくは樸拙と称するものに対する美が、新たに表面上の運動として認め出されたのである。(中略)同時に画論も余程自由になつて居る、即ち生命の流露即ち個性の発現を重要視した。[69]

中国南北朝時代の斉から梁の間に活躍した画家謝赫の「画の六法」に提唱される「気韻生動」を「生命の流露」に差し替えた関雪は、物体の形にとらわれずそのままの姿を描くべきであると、主張している。

おわりに

本論文では青木正児の金冬心および石濤の研究を主軸にして、大正期の南画ブームの背景をもとに、青木の南画認識を考察した。

青木は幼い頃から絵画をはじめとする中国芸術に親近感を覚え、大学を卒業した後、将来の進路に迷い、絵画を通じて心中の鬱陶しさを晴らした。結局絵画の道を選ばなかったとはいえ、その膨大な画論の訳業や論考に示されるように、青木は絵画を道楽として生涯を通じて楽しんでいた。

青木の金冬心の芸術に魅了された理由として、彼の我と思わん自信と権威に屈しない人格、時流を追わず俗世を超越する己のための芸術追求、恬淡幽雅の香り溢れる詩趣、絵画の古拙の趣で西洋美術に対抗しようとする狙い、と四つの視座を挙げた。書生気質の青木は金冬心の芸術を論じると同時に、無意識に自己の「内なる偏僻性」を裏返し、自分が楽しめる芸術しか求めない遊心論や、画家は自身の個性を尊重すべきだとする強い自我肯定論を、金冬心論のうちに見られ、自身を金冬心と混然一体なるものとして展開させたのである。したがって、青木の金冬心論とは、とりもなおさず、青木本人による自画像であると言っても過言ではない[70]。さらに、『金冬心之芸術』を起点にして、青木の自信に満ちた文人活動も本格化していく。

また、金冬心論の延長線上にある青木の石濤論は、当時画家として名を成した橋本関雪により強く批判された。青木の石濤論における「古法の破壊と自法の建設」に対して、関雪が「性情以外に画法のあるべき筈なく」、「自我を以て法の根本義」と反論したが、文人画の真髄――絵画技巧より画家自身の内面性と精神性を重んじる――に関する理解がほぼ一致している。

さらに、青木の芸術研究の全体像を見ると、明代の書画より清代に偏っている。その理由は当時の京都帝国大学において清朝考証学の提唱に関わっていることは言うまでもないが、青木自身の「乾隆文化謳歌の癖[71]」という個人嗜好にもつながっていることも、併せて言うことができる。こうした理由から、青木の書画研究は明末以後の文学や芸術論に傾きすぎるという欠点があることも指摘できよう。

図１　青木正児
《蘇軾飲酒読書図》

図２　青木正児
《王維詩意図》

図３　青木正児
《戴叔倫南軒図》

図４　青木正児
《陸游北窗図》

図５　青木正児《設色山水図扇面》

図版出典：

【図１】【図３】【図４】

『青木正児全集』第九巻（春秋社、1970年）より転載

【図２】

都留春雄「覚え書：青木正児博士の画」（『中国文学報』2010年第79号、126頁）より転載

【図５】

松丸道雄「青木正児博士と父・松丸泉魚との交流」（『書論』2014年第40号、196頁）より転載

注

（1）岡倉天心「日本美術の恩人・故フェノロサ君」（『岡倉天心全集』第三巻、平凡社、一九八〇年）三二六—三二七頁。

（2）文人画と南画という呼び方について、瀧精一『文人画概論』（改造社、一九二二年）で南画＝文人画という主張を出して以来、論争が続いていった。この論争についての研究は、中谷伸生氏の「日本の文人画と東アジア——「文人画」か「南画」か——」（同氏編著『東アジアの文人世界と野呂介石：中国・台湾・韓国・日本とポーランドからの考察』、関西大学出版部、二〇〇九年）、同氏の「捻れ歪んだ日本の文人画研究——「大成者」の大雅・蕪村から竹田・半江へ——」（『美術フォーラム21』、二〇〇三年）。本稿ではこの二つの呼称が指示する対象が重なり合っている状況に鑑み、南画と文人画をほぼ同義の語として使用する。

（3）フェノロサ演述、大森惟中筆記『美術真説』（龍池会、一八八二年）五—八頁。

（4）大村西崖『文人画の復興』（又玄画社、一九二一年）五—九頁。ただし、大村の文人画を称賛した時代背景を見逃してはいけない。日露戦争で勝利をおさめた明治政府は、そのまなざしが西洋の模倣から対抗へと変わっていった。「唐宋の美術は世界的にも評価されるすぐれたものであるが、中国には全く残っていない。日本にのみその優品が伝わっている」と述べているように、政府の意向の後押しが『東洋美術大観』に潜んでいる。

（5）田中豊蔵「新南画論（一）」（『国華』二六二号、一九一二年三月）二三三—二三四頁。

（6）宮崎法子「日本近代の中の中国絵画史研究」（東京国立文化財研究所編『語る現在、語られる過去』、平凡社、一九九九年）一四三—一四四頁。

（7）曽布川寛「近代における関西中国書画コレクションの形成」（国際シンポジウム報告書『関西中国書画コレクションの過去と未来』、二〇一二年）七—一五頁。西上実編集「中国と東アジア——近代のコレクション形成と研究の背景——」（『美術フォーラム21』第二十六号、二〇一二年）四三—四六頁。

（8）下関の実業家大崎保太の回顧録には、「青木坦平。医師。骨格隆々、美ぜんヲ鼻下ニ貯へ、殆ンド当時ノ人力車乗用」と記載している。また、青木正児自身のエッセー「私の愛蔵書」によると、「父は維新の際、中津の白石照山先生に従つて漢学を習ひ、後に漢法医学とを兼修した」（青木正児『琴棋書画』、春秋社、一九五八年、二六七頁）と記している。

（9）青木正児「自序」（『支那文芸論藪』、弘文堂、一九二七年）一頁。
（10）青木正児『琴棋書画』（春秋社、一九五八年）三頁。
（11）青木の『支那文学思想史』の序文に書かれているように、彼は文学を芸術として捉え、文学、音楽、書画を総括して「文芸」として取り扱うべきだと主張している。
（12）青木正児「新春に想ふ　読書と著書に——序に代へて」、前掲『琴棋書画』、三頁。
（13）東方学会編「学問の思い出・青木正児博士」『東方学回想Ⅲ』（刀水書房、二〇〇〇年）一六七頁。
（14）青木正児「支那かぶれ」（『江南春』、弘文堂、一九四一年）八二頁。
（15）吉川幸次郎「解説」（『青木正児全集』第七巻、春秋社、一九七〇年）五九四頁。
（16）青木正児「自序」（『支那文芸論藪』、弘文堂、一九二七年）二頁。
（17）青木正児「支那かぶれ」、前掲『江南春』、八一―八二頁。
（18）青木艶子「思い出のままを」（『青木正児全集』月報Ⅴ、春秋社、一九七〇年）一頁。
（19）前掲「学問の思い出・青木正児博士」、一六七頁。
（20）青木正児「出雲路橋に立つて」（雑誌『飲』大正四年に初出、『青木正児全集』（以下は『全集』と略す）所収、春秋社、一九七〇年）五七一頁。
（21）青木の画賛は以下の通りである。『痲髪食氷図』に関して、「風も洒落者娘と見れば来ては袂にしゃれかかる」と書かれ『書生弄満奴鈴図』に関しては、「雨の満奴鈴は洒落でも無いが下宿住ひの鬱晴し」と書かれ、『美人画寝図』に関しては、「巧言云うて画寝を召さる夢に殿御と逢て来る」と書かれている。（大正四年の雑誌『飲』に「消閑集」を見出しとして初出、『全集』の所収、五七四頁。）また、満奴鈴とはマンドリンのことである。
（22）前掲曽布川寛「近代における関西中国書画コレクションの形成」、一二一―一二三頁。また、杉村邦彦「大正癸丑の蘭亭会とその歴史的意義」（陶徳民編『大正癸丑蘭亭会への懐古と継承』、関西大学出版部、二〇一三年）を参照。
（23）考槃社の活動ぶりが青木の「鉄斎翁と考槃社」という次の一文から窺える。「同人は人見少華・栗林太然・山口八九子・近藤浩一路、その他数名の画家諸君と、蔭軒君及び私など若干の素人を雑へたもので、之を斡旋して結成したのは、現に陽明文庫の主事をしている小笹喜三君の力であつた。吾々は隔月ぐらいに洛北百万遍のさる寺に席を借り、各自の作品を持寄つて品評し合つた後、近所から中華料理を運ばせて晩餐を共にしながら芸談の花を咲かすを常とした。」（前掲『琴棊書画』、二三四頁）
(24) 前掲曽布川寛「近代における関西中国書画コレクションの形成」、七—一五頁。
(25) 前掲「学問の思い出・青木正児博士」、一七五頁。
(26) 青木正児「支那かぶれ」、前掲『江南春』、八二頁。
(27) 青木正児「談芸の友蔭軒外史」（『支那学』第十二巻、第一・二号、一九四六年九月）一二五頁。
(28) 草刈樵谷「青木さんの絵」（『青木正児全集』月報Ⅰ、春秋社、一九六九年）六頁。
(29) 前掲「学問の思い出・青木正児博士」、一六七頁。
(30) 青木正児「湖畔夜興」、前掲『江南春』、二五頁。
(31) これは金冬心の弟子である羅両峰の「江上懐人絶句十五首」で「書法曾伝日本国、詩篇不入承明盧。七十已過開老眼、只看草及魚」から裏付けを得られる。
(32) 中川一政「我思古人」（『中川一政全文集』、中央公論社、一九八七年）一四四頁。
(33) 芥川龍之介「『となりのいもじ』秀真先生」（『中央公論』、一九二二年第三号）一三八頁。
(34) 内藤湖南『支那絵画史』（弘文堂、一九三八年）一六六—一六七頁。
(35) 青木正児「湖畔夜興」、前掲『江南春』、二四—二五頁。
(36) 西川寧「冬心集の序に代へて」（『書品』第50号『金冬心集』、一九五四年）三頁。
(37) 青木正児『金冬心之芸術』（彙文堂、一九二〇年）四二頁。
(38) 福永武彦「金冬心の横顔」（文人画粋編第9巻『金農』、中央公論社、一九七六年）一〇六頁。
(39) 青木正児「解衣般礴の芸術」、前掲『支那文芸論藪』、七—八頁。
(40) 青木正児「支那文学研究に於ける邦人の立場」（昭和十二年六月の『東京帝大新聞』初出、前掲『江南春』所収）九〇—九一頁。
(41) 青木正児「内藤湖南先生逸事」（昭和九年七月の『支那学』初出、前掲『江南春』収録）二六八頁。
(42) 中田勇次郎編『中国書人伝』（中央公論社、一九七三年）二三一頁。

(43) 金冬心著、今関天彭句読「金冬心詩文」、前掲『書品』第50号、一三三頁。
(44) 青木正児、奥村伊九良訳編『歴代画論』(弘文堂、一九四二年) 三頁。
(45) 前掲青木正児『金冬心之芸術』、七六頁。
(46) 今関天彭「金冬心の詩文」、前掲『書品』第50号、一二三頁。
(47) 前掲青木正児『金冬心之芸術』、五二頁。
(48) 前掲青木正児『金冬心之芸術』、五四頁。
(49) 千葉慶「日本美術思想の帝国主義化―一九一〇~二〇年代の南画再評価をめぐる一考察」(『美学』、二〇〇三年、第54号) 六三―六四頁。
(50) 前掲青木正児『金冬心之芸術』、三頁。
(51) 梅沢和軒「表現主義の流行と文人画の復興」(『早稲田文学』、一九二一年、五月号) 二三三頁。
(52) 青木正児「醜の芸術味」(大正九年四月の『大正日日新聞』初出、後に『江南春』所収) 一五六頁。
(53) 橋本関雪『南画への道程』(中央美術社、一九二四年) 四一頁。
(54) 青木正児「石濤の画と画論と」(『支那学』第8号、一九二一年四月)、一―二頁。
(55) 前掲青木正児「石濤の画と画論と」一―二頁。
(56) 橋本関雪「石濤とその画趣」(『石濤』、中央美術社、一九二六年) 一七―一八頁。
(57) 前掲橋本関雪「石濤とその画論」二〇頁。
(58) 前掲橋本関雪「石濤とその画論」一八頁。
(59) 前掲青木正児「石濤の画と画論と」一〇頁。
(60) 前掲橋本関雪「石濤とその画論」、三〇頁
(61) 前掲橋本関雪『南画への道程』、二八頁。
(62) 前掲青木正児「石濤の画と画論と」一二頁。
(63) 橋本関雪「石濤とその画論」、前掲『石濤』、三一頁。
(64) 橋本関雪「燈前雑話」(『関雪随筆』、中央美術社、一九二五年) 二七〇―二七一頁。

(65) 稲賀繁美「表現主義と気韻生動――北清事変から大正末年に至る橋本関雪の軌跡と京都支那学の周辺――」(『日本研究』第51号、二〇一五年)一一六頁。

(66) 草刈樵谷「青木さんの絵」(『全集』月報Ⅰ、春秋社、一九六九年)六頁。

(67)「遊心」という言葉の出典は、『老子・二精誠』の「老子曰、若夫聖人之游也、即動乎至虚、游心乎太無、馳於方外、行於無門、聽於無聲、視於無形、不拘於世、不繫於俗。」によるものである。

(68) 青木正児「解衣般礴の芸術」、前掲『支那文芸論藪』、七頁。

(69) 前掲橋本関雪『南画への道程』、四二頁。

(70) 加藤国安「『文人画とは詩情にあり』――青木正児の世界デッサン」(名古屋大学付属図書館研究開発室編集『「遊心」の祝福――中国文学者・青木正児の世界――』、二〇〇七年)七〇頁。

(71) 青木正児「杭州花信」、前掲『江南春』二一頁。

冷泉為恭筆《稚児普賢菩薩像》試論

日並彩乃

はじめに

冷泉為恭（一八二三―一八六四）は、狩野派を出自とし、江戸時代後期に活動した復古大和絵の絵師である。彼は、王朝時代への憧れを動機として、やまと絵の古画模写を通じ、その復興を志した。

彼の膨大な作品は、やまと絵と仏画に大別することが出来る。中でも、本稿で注目したいのは、和装童子形の普賢菩薩像である。《稚児普賢菩薩像》【挿図1】には、白象に乗る垂髪・童狩衣姿の普賢像が描かれており、淡墨を主体に淡彩が施されている。すでに塚本麿充氏が指摘しているように「童子形の普賢は他に類例を容易に見出せず、おそらくは為恭の創意になるもの(1)」である可能性が高い。作風においても、儀軌に基づく着色の本格的

【挿図１】①冷泉為恭《稚児普賢菩薩像》部分

な仏画とは一線を画しており、王朝風俗の幼子と白象とが閑やかな作風の中で調和を図られている。
本稿は、図像分析によって稚児普賢像の伝統と文化的背景を明らかにし、為恭が描いた和装童子形の文殊菩薩や春日明神、また彼が復古の対象としていた平安・鎌倉時代の古画との繋がりを繙くことにより本図生成までの流れをなぞり、為恭の創意に関して論証を試みる。

一　《稚児普賢菩薩像》の図像分析

まず、作品を分析し、《稚児普賢菩薩像》の特殊性を浮き彫りにしよう。本図が展観される機会は少なく、作品論も管見の限り見当たらなかった。そのため、作品の詳細は、平成一七年（二〇〇五）に開催された『特別展　復古大和絵師　為恭―幕末王朝恋慕―』の図録の記述と図版を頼りにした。

本図は、絹本著色、縦五一・九×横二八・九センチメートルの小振りの一幅である。画面中央のやや下部に、白象に乗って合掌する和装の童子を描き、その右側に落款と印章を配する【挿図2】。背景は地のままである。落款には「蔵人所衆正六位下式部大録菅原朝臣為恭図之」と記し、印章は主文方印「菅」である。為恭の印章は「菅」が通例であるが、本図のような形状は珍しい。

白象と童子は画面左を向いている。起立する白象は、愛らしい表情で後方を振り返る。脚は小蓮華を踏む。左右に六本の牙を持ち、鼻に未開敷の紅蓮華を抱えている。茎には緑青が施される。頭部と胴体の装飾具が臀部まで繋がり、火焔宝珠らしきものを支えている。文様が表された敷物を背負い、群青の色相には諧調がある。凸部分に胡粉、凹部分には淡い黄土で隈を着色する。

その上で蓮華座を鞍として童子が結跏趺坐している。少年は鮮やかな諧調の童狩衣を身に纏う。頬のふっくらとした愛らしいかんばせでありながらも、視線はやや厳しく、紅い唇を引き結んで、前方を見つめている。顔と手の凸部分にはやはり胡粉を施して、自然な立体感と白い肌を表現している。垂髪で、耳と頬は仄かに紅く染まっている。合掌する手元から朱色の単衣が覗く。両袖の袖括りの緒は、胡粉で描かれている。指貫は彩度を抑えて細かい文様が描かれ、膨らみを塗り残すことで立体感を表現する。淡墨を主体に柔らかい筆法で輪郭を描き、強弱をつけて奥行きを演出しながらも、適宜淡彩を施す作風は、本格的な仏教絵画とは異なる。簡素でありながら、童子の可愛らしさと優雅さ、親しみやすさを兼ね備えた優品である。

さて、本図における為恭の創意を追求するにあたっては、まず稚児普賢の伝統を考察する必要がある。普賢菩薩は、文殊菩薩の智に対して行の菩薩と呼ばれ、釈迦如来の脇侍として三尊像に、また釈迦を除いて文殊と一対として表現されることが多い。稚児普賢は、文字通りこれを童子の姿で表現したものを指す。昭和十六年（一九四一）から十八年（一九四三）にかけて刊行された東洋画題の解説事典である『東洋画題綜覧』によれば、稚児普賢は「普賢菩薩を童形に画き、全く日本風に創作せるもの。作例極て多い[2]」ということだが、その言説に反して、記録や画像でさえも見つけることは難しい。遡れば、元禄三年（一六九〇）に刊行された仏像図様集『仏像図彙』

【挿図2】①拡大

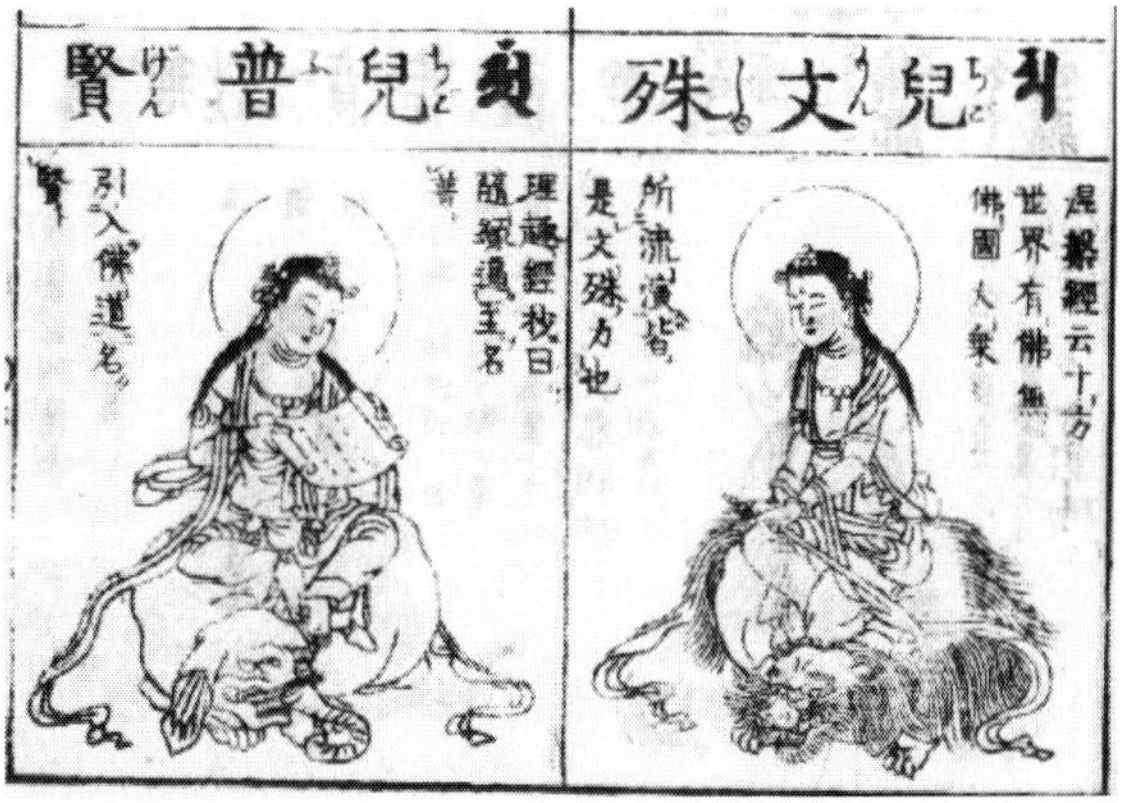

【挿図３】『仏像図彙』巻二（鈴鹿文庫蔵）「兒普賢」「兒文殊」

（鈴鹿文庫蔵）巻二に、この図像が確認できる。仏教図様輯に掲載されていることから、江戸時代前期には正式な画題として成立していたことが知れる。ここで稚児普賢は文殊と並び「兒普賢」と表記されている【挿図3】。本書をもとに昭和一七年（一九四二）『仏像解説図絵』が出版されており、これには同じ図像と文章が採用されている。[3] それに従うと、添えられた説明文は「理趣経抄に曰はく、髄縁遍く至るを普と名け、仏道に引入するを賢と名く」である。『理趣経抄』とは、『栂尾全集V　理趣経の研究』巻末の資料に載る一軸と一致するのであろうか。[4] 本書によると、それは頼我によって延元二年（一三三七）に執筆されている。高野山高臺院に蔵する自性上人説、介法印記の『秘藏記聞書』は、「歴應元年十月二日、蓮華峰寺の僧房に於いて書寫畢る。權律師頼我」と素性を説明していると云う。本書は京都・東寺観智院の金剛蔵（二七二）に蔵せられ、その奥批に延文三年（一三五八）等とあるも蟲害に依り判読不能とのことである。この文章は、理趣経の中に普賢という名称の意義を求めているだけで、普賢の童子形の典拠は言及されていない。

さらに、この図様は起源を遡ることが出来る。これは、《普賢菩薩像》（京都永明院蔵）の図様を踏襲している。永明院本において、白象は蹲り、そこに普賢菩薩が直接腰掛けている。髪を下ろし、緩く足を組んで、両手で広げた経典を眺める。画面上部に、蔵山順空の徳治二年（一三〇七）の賛がある。順空は、鎌倉時代の臨済僧で、蘭渓道隆に師事した。したがって、稚児普賢像のこのような図様の絵画は、少なくとも鎌倉時代にまで遡る。

しかしながら、ここで問題となるのは為恭画がこのような通例の稚児普賢表現に則していないことである。結論から云えば、為恭の図様は普賢菩薩来儀図の形式に一致している。これは、『法華経』「普賢菩薩観発品」及び『観普賢菩薩行法経』に取材する。この経を読誦する信者の前に六牙の象に乗って普賢菩薩が姿を現し、これを守護するという場面を絵画化したものである。この図様は騎象普賢のほか、『法華経』陀羅尼品に説く十羅刹女や、持幡童を伴うものなど多様である。平安時代後期から鎌倉時代にかけて多くの作品が遺されており、独尊図としては東京国立博物館本、東京・静嘉堂本、フリア美術館本などがある。また、普賢十羅刹女像は、随従する羅刹女らの装束が唐装と和装のものに分けられる。唐装の作例としては、京都・盧山寺本、根津美術館本、ボストン美術館本、藤田美術館本、鳥取・常忍寺本などがあり、和装のそれとしては、奈良国立博物館本、東京芸術大学本などが挙げられる。菊竹淳一氏が唐装のものに持幡童を付随する例が多いことを指摘している一方[5]、土谷恵氏は、唐装と持幡童が必ずしも一揃いではなく、童の装束も一様ではなかったとしている[6]。そして、現時点ではこの主題の中国の遺例が見つかってはいないため、日本において成立した可能性が高いと解釈されている[7]。ここで想起されるのは、為恭の作品中に二枚の普賢十羅刹女像が遺されていることである。為恭は、安政二年（一八五五）と安政六年（一八五九）にそれを描いているが【挿図4】【挿図5】、前者は和装十羅刹女の最古の例である鎌倉時代前期の作品の模写である。

為恭画は、この独尊図の形式と類同である。《普賢菩薩》（東京国立博物館蔵）【挿図6】は、明治期の美術史上において、国風文化の最盛期である藤原時代に相応しい仏画の和様化した作品であると位置付けられている[8]。興

【挿図４】冷泉為恭
《普賢菩薩十羅刹女像》
安政二年（一八五五）

【挿図５】冷泉為恭
《普賢菩薩十羅刹女像》
安政六年（一八五九）

【挿図６】《普賢菩薩》
（東京国立博物館蔵）

味深いことに、様々な寺社仏閣を訪ね歩き、膨大な模写を試みた為恭の作品の中にも、これは含まれている。[9] 普賢菩薩が六つの牙を持った白象に乗り、向かって右から左へ進んで来る。画面右下は東にあたり、普賢が東方浄妙国土から来たことを意味している。白象の背に置いた七宝荘厳の鞍の上、豊かな蓮華座に端坐して、やや身を傾ける。象は鼻先に未敷蓮華の茎を巻き、後方を振り返る。画面左下の一部絵絹が失われている。

しかしながら、細部には異なる点も散見される。まず、東京国立博物館本の象頭には半裸の三化人が舞っているのに対して、為恭画はそれを描いていない。三化人の代わりに蓮台に乗せた宝珠が置かれる図様もあるが、これは大陸の遺例にある古い伝統で、鎌倉時代には三化人が一般的になる。敦煌第一四八窟の普賢菩薩や、初唐の影響を受けた法隆寺壁画のように騎象普賢の儀軌が明確に設定される前の初期の作例は、象頭に何も掲げない場合もあるが、年代の隔たりも大きく、為恭の芸術性を考えると、その距離は離れており、直接影響を受けたとは考え難い。次に、為恭画は象の臀部に火焔宝珠らしき装飾を配する点である。東京国立博物館本にあるのは宝珠であるため、形状が全く異なっている。東京国立博物館本以外の普賢来儀図にも、このような装飾を伴うものは探し出すことが出来なかった。為恭画は、胸繋・尻繋から垂れた瓔珞、菩薩の背後の二重円相光背、頭上の天蓋、天から降る曼荼羅花も描かれていない。さらに、東京国立博物館本は画面下部に石畳を描いて壇場に参上しているが、為恭画には空間を示すモチーフが無い。

両者は技法においても異なっている。東京国立博物館本の着衣の各部や象の背の障泥などは、細緻な截金文様で厳飾され、幻想的な趣きを添えている。截金とは、金・銀・銅・錫の箔または薄板を、線状または三角・四角などに細かく切り、これを貼付して種々の文様を施す技法である。これは仏画師の専門的な技術であり、為恭は多くの仏画を描いているが、いずれもこの技術を用いてはいない。

確かに普賢来儀図とは細部に異同がある。ともあれ、為恭画が、『仏像図彙』にあるような稚児普賢の図様ではなく、普賢来儀図の形式であると考える筆者の主張は首肯されるに違いない。為恭画は作風において大きく異なっていることから、先の相違点はそれに合わせて、独自に省略や改変を加えた結果であると推測することも可能である。

さて、最大の問題は、普賢来儀図にもかかわらず、普賢菩薩が和装の童子に置き換えられている点であろう。東京国立博物館本において、菩薩は髻の正面に五仏宝冠を戴き、両耳上で結んだ冠繒を長く垂らして、慎ましやかに合掌する。上半身には条帛を、両肩には透き通った天衣をかける。裙と腰布を付け、裾は蓮華座にかけている。対して、為恭画は来儀図を踏襲しつつも、和装の幼児に置き換え、全体を柔らかい作風に改変することによって、本図をやまと絵風仏画として成立させている。

以上の比較から、冷泉為恭筆《稚児普賢菩薩像》の論点は、第一に普賢来儀になっていること、第二にその普賢菩薩が和装の童子に置き換えられていること、さらに第三はこのような本格的な仏画の図様を踏襲しながらも、可憐な色彩を伴い、本格的な仏画とは異なった作風になっていることの三点となる。

二　童子の和装化の問題

為恭には、前節で紹介した《稚児普賢菩薩像》に類する作品が四点遺されている。背景を描かず、画面中央に聖獣に乗る童子を配するこれらは、造形性において聯繫しており、《稚児普賢菩薩像》成立を理解する上で重要な手掛かりだ。煩雑を避けるため、便宜上以下のように番号を付し、年代順に整理した。前節紹介の作品を①とする。

①《稚児普賢菩薩像》　落款「蔵人所衆正六位下式部大録菅原朝臣為恭図之」
②《稚児文殊菩薩像》【挿図7】　落款「蔵人所衆正六位下式部省大録菅原朝臣為恭謹図之」
③《春日明神影》【挿図8】　落款「蔵人所衆正六位下式部大録菅原朝臣為恭図謹写之」
④《稚児普賢菩薩像》　落款「於　男山松本坊　仏弟子式部小丞」
⑤《稚児文殊菩薩像》【挿図9】　落款「蔵人所衆関白直廬預従五位下行式部」

【挿図７】②《稚児文殊菩薩像》部分

【挿図８】③《春日明神影》部分

画題は、普賢菩薩、文殊菩薩、春日明神の三種である。制作年代は、落款からおおよそを推測出来るに止まる。為恭は、自身の冠位の転遷を落款に反映する。嘉永三年（一八五〇）蔵人所衆岡田出羽守の養子となって菅原姓を名乗り、同年に正六位下式部大録、安政二年（一八五五）に式部少丞、安政三年（一八五六）関白直盧預、安政五年（一八五八）に従五位下、文久二年（一八六二）一月に近江守となっている。そして、同年八月に官を辞した。

これに従うと、①は、落款に「正六位下式部大録」とあることから、嘉永三年（一八五〇）以降の作である。本図は『冷泉為恭』[10]の中に収められている《稚児普賢像》と同じものである。本書にはもう一図、光背が描かれている以外は図様が全く同じで、おそらく着彩を施していないものがあり、これを④とする。「於　男山松本坊」と「仏弟子式部小丞」の記載があることから安政二年（一八五五）以降の作であること、また妻である男山八幡新善法寺の綾衣との関連が考えられる。①と④の間には年代の隔たりがあるにもかかわらず、図様がほぼ等しいことから、為恭自身がこれを好ましく思う、或いは需要があったことから、

【挿図９】⑤《稚児文殊菩薩像》部分

原型を有し、一定の数を描いただろうと推し量られる。

②⑤は、『復古大和絵派　訥言・一蕙・為恭画集』[11]掲載の《稚児文殊像》の掛け軸二点である。②は、「蔵人所衆正六位下式部省大録菅原朝臣為恭謹図之」と記してあるため、嘉永三年（一八五〇）以降の作であり、京都市菊池契月蔵となっている。対して、⑤は「蔵人所衆関白直廬預従五位下行式部」のため安政五年（一八五八）以降の制作、四日市市の吉田千九郎蔵である。

さらに、同種として『田米知佳画集』『冷泉為恭の生涯』[12]に載る③《春日明神影》を挙げたい。落款によれば嘉永三年（一八五〇）から安政二年（一八五五）の作と推定されるため、①②③は同じ年代区分に属する。

さて、第二の論点である普賢菩薩の童子形の成形を論究するにあたって、②⑤の稚児文殊に注目したい。②⑤ともに背景を描かず、画面中央に聖獣に乗る和装の童子を配しており、①の類型表現となっている。獅子に乗じ、右手に剣、左手に経典を握っていることから、文殊と判定できる。②は、獅子の顔貌が険しく、童子のそれも凡庸としており古絵巻そのままの印象である。大雑把な筆致は、本画ではなく構想の途中であったのではないかとの想像を誘発する。描き慣れない印象の②に対して、⑤は完成度が高い。騎獅文殊を正面から捉えており、側面から描いた②よりも複雑な構図になっている。獅子の後ろ脚を淡く描くことで奥行を演出しており、画力の向上が目覚ましい。本図では、巻子を手放して左手を剣に添えている。獅子は軽快な作風に合わせて、愛らしく無邪気な獣へと変貌している。独特の文様は狩野派の唐獅子を思わせる。文殊菩薩は、梵名を文殊師利あるいは曼殊室利と云い、智慧をつかさどり、先に述べたように普賢の対になる。百獣の王である獅子は、文殊の智慧が秀抜であることを表す。

文殊を童子形で示現する作例は数多い。文殊の童子相については不空訳『金剛瑜伽文殊師利菩薩供養儀軌』『五字陀羅尼頌』などの経典に記されている。鎌倉時代中期の仏教書兼図像集『阿娑縛抄』巻二三一の文殊の項にも[13]「五髻童子形」の文字がある。文殊の髻は真言の数だけ結い、その数によって願いが異なっている。子供の髪型である五髻を結う場合は、顔貌は少年に造る。髻を結い、瓔珞・腕釧・臂釧などの装身具で飾り、裸形の上半身に条帛を着け、右手に魔物を打ち破る宝剣、左手には叡智の象徴である経典を載せた蓮華を持つのが通例である。これは、唐の時代、霊峰として名高い五台山に起こった文殊信仰に起源が求められる[14]。東晋の仏駄跋陀羅が永初二年（四二一）に訳した『華厳経』巻二一において、文殊の住む清涼山が五台山に比定されたことに依っている。

しかし、為恭の稚児文殊像は、騎獅でありながら、やはり和装の童子へと置き換えられている。そしてこれは、云うまでもなく稚児普賢と瓜二つである。

実はこのような稚児文殊の先例は、中世に存在している。現存作例としては《稚児文殊像》（東京国立博物館蔵）【挿図10】、《稚児文殊菩薩像》（センチュリーミュージアム蔵）【挿図11】、《稚児文殊像》[15]などが挙げられる。東京国立博物館本は、十四世紀に遡る古例で、右手に剣を持つ稚児文殊が、傍の獅子の背に手を添えている。対して、南北朝から室町時代に描かれたとされるセンチュリーミュージアム本は、濃彩で、垂髪に優雅な面貌、凛乎たる獅子が描かれている。後光を背負う文殊の優雅さと獅子の逞しさが、見事な調和を示している。最後の一図は、センチュリーミュージアム本と同様の形態であるが、制作は十五世紀とみられる。

また、書誌の中にも三点の稚児文殊を確認出来た。ひとつは『群芳清玩』第四冊[16]の筆者不詳の騎獅文殊【挿図

【挿図10】《稚児文殊像》（東京国立博物館蔵）

【挿図11】《稚児文殊菩薩像》（センチュリーミュージアム蔵）

12】、あとのふたつは『古美術』第九号[17]の蓮華座に乗る若児と騎獅文殊【挿図13】である。【挿図12】は、②同様に横から獅子を描く。筆者不詳、制作は足利時代初期と目されている。一方、『古美術』第九号の前者は、獅子が付随せず、髪を下ろして蓮華座に坐り込み、合掌する若児のみが描かれる。これは後述する【挿図16】とおそらく同じ作品で主題は稚児文殊ではない。後者は、獅子が真正面を向く挑戦的な構図で、大きく口を歪めた表情が印象的である。俯く稚児の顔は気品に溢れる。右手の剣を傾け左手の袖を添える姿は、鎌倉中期の《松崎天神縁起絵巻》（松崎天満宮蔵）第五巻第四段の図様との連関が指摘されている。[18]本図は、第一六回『大師会図録』[19]、『群芳清玩』第二冊[20]にも取り上げられている。『好古堂一家言』[21]には、富岡製糸場を経営し、美術蒐集家でもあった原富太郎がこれを秘蔵するまでの経緯が語られている。本書によれば、これはもと奈良春日の水谷川男爵家から出たものである。日本の古美術作品を出陳して、東洋美術の粋を欧州人に展覧することを目的としていた明治三十三年（一九〇〇）のパリ万国博覧会のために、農商務省が本図を購入している。現地において、日本美術商林忠正の眼に止まり、彼はこれを大いに賛美した。これら逸話は、本図に対する明治期の高い評価を示している。

【挿図12】筆者不詳《稚児文殊像》
足利時代

【挿図13】《稚児文殊像》

為恭筆②⑤稚児文殊とこれら中世の作品とを比較し、復古思想を基盤とした彼の実直な古画学習を思えば、両者は関連していると考えるのが妥当だろう。特に、⑤と【挿図13】との構図の類似を見逃すことは出来ない。比興なのは、【挿図13】が、為恭が深く私淑した藤原信実筆の伝承を持っている点である。藤原信実（一一七六―一二六五）は、似絵と呼ばれる写実的な技法に優れた鎌倉時代の絵師である。為恭は、信実を礼拝する自身の図様を描くほど、思慕の念が篤かった[22]。先に紹介した安政二年（一八五五）作《普賢菩薩十羅刹女像》【挿図4】の手本も、信実作と伝えられており、為恭はこれを唯一の家宝として愛蔵していた。模写完成の際には「我が生涯斬くの如く丹精を凝らせしもの無し」と語っている[23]。

さて、ここで和装の稚児文殊の起源について鑑みなければなるまい。これを考察するにあたっては、童子と和装の混合といった二つの要素を想定することが出来る。これら作品の流行は鎌倉時代まで遡る。

童子が特に文殊菩薩に結び付いた要因として、福地佳代子氏は、中世社会の童子信仰や、末法思想を背景とした現世における文殊浄土としての中国五台山への憧憬を挙げている。[24] また、野間清六氏[25]は、童子信仰の背景として「鎌倉時代の厳しい現実主義が、知性を求めたこと」によって文殊への信仰が高まり、「世辞にたけた知恵ではなく、純真無垢な知恵への憧憬を示すために」童子形で制作したと考える。同時代には聖徳太子像や弘法大師像も幼い姿で表現される作例が多く遺されており、同氏によれば、彼らの眉を顰める表情は物を考えている顕れで、知性を映し出す。中村溪男氏も「人間的な見方が進められた鎌倉期にはこうした童に対する精神的表現と現実的表現のしかたがとくに強められた[26]」と同様の見解を示し、この要素が結集した作例として、高野山不動八大童子像、特に《矜羯羅童子像》《制多迦童子像》(金剛峰寺蔵)を挙げている。

そして、福地氏は思想の面で本地仏と結びつくことがこの流行を拡大させていったと考える。[27] つまり、童子に和装化が齎される。神仏習合は、日本土着の神祇信仰と仏教が混淆して信仰される状態を指す。日本人は古代より、山や河あるいは雨や風など、あらゆる自然現象の中に神の存在を見出してきた。六世紀頃に大陸から仏教が伝来すると、このような神々と仏は互いに影響し合い、融合しながら、新たな信仰世界を生み出した。八幡神の東大寺の大仏造立への協力は、奈良時代において仏と神祇との混淆が国家的な動作であったことを象徴する。中世に入ると、神は仏が人々の前に仮に顕れた姿であるとする本地垂迹説の広まりとともに、八幡神は阿弥陀、春日神は釈迦や文殊といった本地仏を具体的に表す絵画などが盛んに作られた。この想念は連綿と受け継がれ、鎌倉時代には、本地垂迹説に拠る両部神道や山王神道が興り、記紀神話などに登場する祭神の密教的説明の試みが活発化した。更に、鎌倉時代末期から南北朝時代になると、僧侶による神道説に対する反動から、神こそが本地であり仏は仮の姿であるとする神本仏迹説を唱える伊勢神道や唯一神道が現れ、江戸時代には儒学の理論により両派を統合した垂加神道が誕生する。この宗教的混淆は根深く、明治時代の神仏分離が表面上の別離である。

ところで、③《春日明神影》【挿図8】は、稚児文殊と表裏一体と考えられるのではないだろうか。本図は、鹿に跨り、右手に剣、左手に巻物を握る童子が描かれている。鹿の形態や表情が硬く、毛並みの質感も形式的であるため、比較的若い頃の作品ではないかと推測する。

特に若宮の上部に描かれている剣と経典を持つ五髻文殊に着目したい。これは②⑤稚児文殊の持物と丁度一致する。福地氏によれば、貞慶が唱えた『春日権現講式』の中で、童子形の五髻文殊が若宮の本地仏として説かれたことが、鎌倉時代以降、これが主流となった理由である。[29] さらに、一四世紀初めに若宮は独立して描かれる場合があり、それは蓮の上で正座した童子が、片手に剣を持つ図像であった。この作例としては《春日若宮》（メトロポリタン美術館蔵）[30] が挙げられる。この右手の剣を傾け左手の袖で支える図様は⑤や伝信実の文殊と同様である。さらに《春日龍珠箱》（奈良国立博物館蔵）外箱向かって右側面[31] には、鹿に乗る和装の四宮と若宮が並んでいる。これら状況を合わせて考えると、③は本地仏を文殊菩薩とする若宮に該当すると私考する。

音と文殊が当てられている。複数の仏が挙げられているのは神と仏の対応関係に異説あるための配慮であろうが、《春日宮曼荼羅》（ＭＯＡ美術館蔵）[28] によれば、春日の本地仏として一宮に不空羂索観音と釈迦、若宮には聖観

為恭の稚児普賢も、これら中世絵画の伝統と関連していると考えるのが自然である。彼がこれら中世の作品に接触した証拠は無いが、五髻の《文殊菩薩像》や稚児姿の《聖徳太子》の模写が遺されており、[32] 古画研究を行ううちにこれらを目にする機会はおそらくあった。従って①④の普賢の和装化も、何らかの本地仏である見込みがあり、普賢の本地仏は諏訪大社上社本宮、日吉神社三宮などが挙げられるものの、これを特定する確証には欠ける。

ただし、為恭の稚児普賢と中世絵画との間には、装束において差異があることも弁別しておかなければなるま

い。稚児とは、寺社や貴族、武士などに召し使えた少年である。絵画史料から子供の在り方を分析する黒田日出男氏によると、二・三歳から一五歳くらいまでが「童」の時期であり、七・八歳頃になると、貴族や武士の子弟は「袴着」「着袴」といった儀式を行う。それを境として、彼らを童水干・垂髪姿の貴族・武家の「童」と、小袖袴・垂髪姿の寺院などの「稚児」に大別する。[33] さらに、土谷恵氏[34]は、絵画と文献史料とを結びつけることで、中世の「稚児」内での兒（上童）―中童子―大童子という序列を鮮明にした。同氏によれば、堂童子が公の部分にあたる寺家に所属するのに対して、兒共・中童子・大童子は私的に僧に付いて房や院家に帰属した。要するに、中世前期の寺院における「ちご」は、房内の特定の階層の子供の呼称であって、寺院の子供を漠然と指す言葉ではなかった。彼らの衣裳はその身分によって定められており、現実の風俗は絵画にも反映されたことだろう。

②⑤稚児文殊は、襟を内側に折り畳む垂領の形式である。前領の上の角と後領の中央から伸びる紐を斜め掛けに結び合わせている水干姿で、東京国立博物館本の文殊にもこれが確認できる。センチュリーミュージアム本も同解説によると水干姿、伝信実画には紐が見当たらない。また、《琴棋書画図小襖》（金刀比羅宮蔵）や為恭が挿絵を提供した願海筆『尊勝陀羅尼明験録』には稚児文殊によく似た少年が描かれている。願海は、復古と尊王思想を持つ天台僧である。『天台宗史概説』に「殊に為恭の敬慕をうくること尋常ではなかった」[35]とあるから、彼らの繋がりは当時の仏教界にも知れ渡っていたようだ。為恭は彼のために多くの仏教作品を制作している。後者は、尊勝陀羅尼の功徳を世間に広めるべく、その功徳を伝える和漢古今の出来事の記録を纏めた三巻の版本である。中巻の挿話のうち『本朝高僧伝』巻一三「公胤僧心延命之明験」の挿絵【挿図14】の少年は、逸話の内容から、幼い頃の公胤と推量される。公胤は三井寺の天台学僧である。[36] 彼らの衣裳はいずれも《春日権現験記絵》第四巻第四段の騎馬上の稚児の垂髪・水干姿に近しい。ハレの行列ではないこと、遠路に騎馬であることから土谷氏は

【挿図14】『尊勝陀羅尼明験録』（関西大学図書館蔵）「公胤僧心延命之明験」部分

これを中童子と判定している。[37] つまり、彼らは寺院に属するのである。

対して、①④稚児普賢は童狩衣である。狩衣は、中古、身分ある男子が宮廷人・武士ともに常用した略服である。もと狩猟の際に用いられたため、この名がある。丸領上げ頸で、袖は前身と離し、袖付を少なくし、袖口は絞れるようにくくり緒を付ける。狩衣の裾は指貫の外へ出す。[38]

注目すべきは、①と③春日明神の上衣の色彩と模様が、近似することである。これに似た配色が為恭筆《年中行事図短冊[39]》十二図のうち七月にある。為恭は、年中行事または乞巧奠だけを独立させて繰り返し描いているが、これと同様の模様を見出せないことから、これは行事に纏わる配色ではないのだろう。為恭の他作品または平安・鎌倉の仏画や絵巻を見回しても、同様の着衣を探り出すことは出来なかった。為恭自身が意識的にこれを塗布したとすれば、これには特別な意味があるのかもしれない。《年中行事図短冊》の落款が「蔵人所衆正六位下式部省大録菅原朝臣為恭図之」などであることから、制作時期が①②③と重なるとの推測は出来るものの、真意は不明である。

ともあれ、為恭は文殊と普賢の装束を描き分けている。この違いについて、仏画であること、さらに衣裳の一致から、稚児文殊らを寺院の稚児と考え、普賢菩薩における変化は為恭の強烈な王朝趣味の投影による貴族の童子への変貌であるとする解釈が魅力的である。しかしながら、醍醐寺寺辺新制によれば、中童子は、外出時には兒と同じく水干を着用する場合が多く、ハレの行列に供奉する際は二藍の狩衣で装った。[40] また、元服以前に垂髪で童水干を公家の少年が着用することもあり、水干は狩衣の一種と数えられている。[41] 紐の有無、先の黒田氏の分類との矛盾からも、彼らの衣装については更なる検討を要する。それにしても、絵巻物に見える騎馬童の図像は、聖獣に乗る稚児のイメージと重なり、この絵画の成立を考える上で心惹かれる。

ここで思い起こしたいのは、普賢十羅刹女像における女房装束の採用による和様化である。『群芳清玩』第四冊では「鎌倉時代において、文殊菩薩のごとき、又十羅刹女等を我が国の官女風に写したるがごとき様々の如き方面に於て仏天像を純日本化せんと努めたる形蹟がある冊し、信実は実にその中心画家であった[42]」と、藤原信実を中心に普賢十羅刹女や稚児文殊の和装化が軌を一にしていたことが言及されている。為恭の普賢菩薩像の和装化は、普賢十羅刹女像が女房装束を纏う十羅刹女によって仏画の和様化を行ったように、仏画のやまと絵化を一層推し進めたとの見方が出来る。為恭の信実への思慕心の背後には、仏画のやまと絵化という課題がちらついているようだ。

三　《稚児普賢菩薩像》の成形

このように見てくると、為恭の稚児普賢像が、『法華経』の記述に基づいた騎象合掌形式になっているという第一の問題点については、騎獅文殊像のモチーフを単に置き換えたのか、それとも普賢来儀図よりもたらされていると考えるべきなのかは判別が難しい。

日本において普賢菩薩来儀図の造像が流行するのは、延暦二五年（八〇六）最澄によって比叡山に日本天台宗が開かれ、『法華経』を根本経典として、天皇・藤原摂関家を中心とした貴族をはじめとする後宮の熱烈な法華経信仰を得てからのことである。[43] 彼らは、法華堂を競って建立し、その本尊として普賢菩薩が多数制作された。摂関家の天台法華信仰への篤い帰依は、末法到来のために阿弥陀浄土信仰と補完関係にあるほかに、呉越国・北宋との関係が指摘されている。唐末五代期の排仏によって呉越国は疲弊していた。領内に天台山をもつ同国は仏教復興策のために、海外に散逸した天台教籍を求めており、この政策は北宋になっても継続された。日本側の窓口であった藤原摂関家の天台宗優遇政策は外交権掌握のために意図的に行われたことが指摘されている。[44]

これら来儀図の特徴は、起立した象に装飾が施され、普賢菩薩が合掌をしている点である。日本における普賢菩薩来儀図は、経典見返絵、独幅の絵像などの絵画にとどまらず、彫像や工芸に表されたものも含め、そのほとんどの作例がこの姿勢で表される。対して、東アジアのほか地域において、この現存作例は極めて少ない。[45] このような合掌する騎象の起源は、慈覚大師円仁請来の「阿蘭若比丘見空中普賢影一張　苗」である。[46] この図像が、承和一四年（八四七）円仁帰朝後に比叡山の法華三昧法の本尊像に採用されたと考えられており、これを規範として、合掌像は広範囲に普及した。この王朝時代の優品が、第一節で比較の対象とした《普賢菩薩》（東京国立博物館蔵）である。一〇世紀にはばらつきのあった釈迦三尊の形式は、一一世紀の少なくとも京都においては釈迦を中心に、騎象合掌の普賢と、稚児文殊同様の剣と巻子を持つ騎獅文殊の組み合わせに統一されてくることから、この形式は王朝美術作品において珍しくはない表現になっていたと考えてよかろう。現在独尊として知られる普賢菩薩図も脇侍のひとつであった可能性が指摘されている。[47] これは中世の稚児文殊や為恭の一連の絵画の図様と通底している。

ところが、鎌倉時代には宋元画の影響を受けて普賢菩薩の表現に変化が生じる。中国宋元時代は水墨画が発展し、仏教尊格もその主題となった。そこでは尊像の人間的な表現が行われるようになる。京都・東福寺本や鹿王院本の釈迦三尊像のように、禅宗において、文殊と普賢は共に釈迦の脇侍として、獅子と象は多く伏臥した姿で現される。普賢・文殊はしゃがみ込む象の上で寛いでおり、そこに神聖さを象徴する蓮華座は存在しない。山本勉氏は、先に紹介した《普賢菩薩像》（京都永明院蔵）の解説と合わせて、宋元仏画における自由な解釈にもとづく仏画は、鎌倉時代中期以降、禅宗とともに日本に移入され、禅林を中心とする日本の画家によっても描かれるようになったと述べている。(48) 永明院本も『仏像図彙』（鈴鹿文庫蔵）「兒文殊」「兒普賢」も、鎌倉時代の普賢・文殊の表現に良く似ている。

つまり、為恭はこの鎌倉期の図様に近しい稚児普賢ではなく、平安時代の普賢を採用していることになる。王朝貴族への憧れを抱く為恭にとって、この選択は意図的であった可能性が高い。これら歴史の遺物は、為恭が活動する江戸時代後期に遺されていたことだろう。王朝絵画を模写した為恭はその際、膨大な作品と接触したと想定できる。復古思想に基づく古画学習、それに基づく絵画制作というパターンのうちに、王朝の美意識を代表する尊格のひとつである普賢と出逢うことは必然である。王朝時代の和装童子形、普賢来儀図、文殊と普賢の距離は極めて近しい。

しかしながら、本格的な仏画の図様と連関しながらも、作風においては親しみ易く、可愛らしい印象で宗教的要素は薄れているというのが第三の論点である。中村渓男氏の伝藤原信実筆《稚児文殊像》【挿図13】に関する以下のような分析は、これを考えるにあたって示唆に富む。

獅子の描写に用いられた墨線は躍動的で、獅子の強さを示すに優れているばかりか、品格の高さがある。さらに驚くことに多少の賦彩はあったにせよ、上に騎る稚児には濃彩であるに比して、下の獅子のむしろ白描線を生かした表現は、なかなか絵画的に優れた色彩効果を考えた画面にしている。つまり、画像の筆者を仏画絵師の作とするよりも、色彩的に優れた大和絵師の手になったものと解する方がよかろう。（中略）稚児の服装の点でも有職故実に詳しい画家であったことがうなずかれる。こうした絵の寸法や様式から、寺院用という見方より在家の持仏堂の掛け幅として用いられたものであろう。あるいは一種の鑑賞画的な要素を持った絵画に発展する前と考える。[49]

同氏の意見は、線描と色彩を活かした絵画的な絶妙さ、その技巧に因る作者推測、さらに作品の用途の三つの要点に整理される。闊達な筆法による獅子の表現は、為恭の文殊にも該当し、また濃彩の稚児との組み合わせは、①稚児普賢の彩色に通じる。同氏は、このような色彩の妙技に注目し、筆者を藤原信実に限定しないものの、大和絵師の作と判断している。以上の考察は為恭と深く関連している。

しかしながら、為恭画がセンチュリーミュージアム本や信実画など本格的な仏画と、趣を異にしているのもまた事実である。むしろ、仏教説話の古絵巻の作風に近しい。為恭は弘化元年（一八四四）《法然上人絵伝》の模写を始めている。彼の古画模写への情熱は並々ではなく、記録や遺された作品から目にしたその数が膨大だったことがわかるのだが、特にこの絵巻は全四八巻を幾度も模写しているほどの傾倒ぶりであった。この絵巻の中に、法然の前に雲に乗った騎象合掌の普賢菩薩が現れる、いわゆる普賢影向図である。[50]普賢の容貌を隠すのは、高貴な存在を描くことを避けるやまと絵の伝統を守っているためであろう。象の下に雲を表すのは鎌倉時代の来迎図に共通する特色である。同場面は仏教説話に登場することから《大山寺縁起絵巻》（東京国立博物館蔵）上巻模本などにも描かれている。

絵巻の中の騎象普賢像の図像は、平安・鎌倉時代の本格的な普賢来儀図の域を出るものではない。しかしながら、謹厳濃彩の本格的な信仰対象としての仏画とは趣が異なる。柔らかく親しみ深い描写で表され、やまと絵の中に融和が図られている。

ここで中村氏の作品の機能に関する三つ目の指摘に注目したい。為恭の仏画を考察するにあたって、まず考えなければならないのが、先述の願海との関係である。かつて筆者は、為恭自身の状況と作品の質に依って、彼の仏画作品を三期に分類し[51]、生年（一八二三）から嘉永七年（一八五四）頃を第一期、嘉永七年（一八五四）頃から文久三年（一八六三）頃までを第二期、文久三年（一八六三）頃から没年（一八六四）までを第三期とした。これに照らし合わせて本稿で取り上げた作品を分類すれば、①②③は、第一期の後半と第二期、④⑤は第二期に重なることになる。第一期は願海に出会う前の古画模写を盛んに行った修養期、第二期は、願海のために豊富な仏画を制作した時期である。

為恭の和装の童子形を採る一連の作品が、どのように使用される目的で、誰によって注文されたのかは、現状全く分かっていない。第二期に願海のための普賢菩薩像の一群があることから、彼と関係があった可能性はある。山けれども、同氏が述べるように、稚児文殊像には在家信者の持仏堂や、鑑賞のために制作された先例がある。山本勉氏も、《普賢菩薩像》（永明院蔵）を紹介する中で、「中世後期、伝統的な仏教美術が衰退する中で、礼拝対象とは別に、このような新しい形像が描かれた[52]」と述べている。荘厳や格調といった本尊とは異なる為恭画の作風を併せて考えれば、これは示唆的である。一連の為恭画も、寺院ではなく個人所有となっていた。このような符合を踏まえると、これは願海のための宗教的な作品とは別種と考えるべきなのかもしれない。

締括として、為恭筆①《稚児普賢菩薩像》の成形について検討しよう。改めてこれを見詰めると、本図は、蓮華座に乗る和装の稚児と白象の図様とを別々に切り抜いて、組み合わせているのではないだろうかと推量したくなる。その根拠は、象を俯瞰気味に描かれているのに対し、稚児が水平な視点から捉えられており、視点にずれが生じていることである。既存の普賢来儀図が蓮華座に高さを持たせ白象との繋がりを明確にしているのに対して、為恭画の蓮華座と白象との接合部が描かれていない。そのために、童子と蓮華座が白象の背からやや手前に迫り出しているように見える。

これを考えるにあたって、注目したいのは前節で挙げた『古美術』第九号の蓮華座に乗る幼児である。年齢は異なるものの、合掌して蓮華座に乗る姿は、為恭の稚児普賢像と同じ形態で、為恭画から白象を除けばほぼ等しい。そもそも本図を文殊と解釈するのは疑問である。なぜなら、《春日若宮》（メトロポリタン美術館蔵）は剣と経典を持ち、明らかに文殊と判別できるが、これは合掌形である。おそらく本図は『弘法大師御影』[53]に掲載される稚児大師御影四図【挿図15】【挿図16】【挿図17】【挿図18】の二つ目と同じ作品である。これらは『日本の美術四四二　中世の童子形』の図版に該当するように思われる。[54]弘法大師が幼い頃、夢に八葉蓮華の中にいて、仏陀と語り合ったという大師伝の説話に基づいている。同図様は、一四世紀後半の《弘法大師行状絵詞》巻一第二段にも描かれており、絵巻物への展開も確認できる。

信仰面はさて置き、造形上の観点からは、一連の和装童子形の絵画は大変良く似ている。一見するだけでは読み違えても仕方が無いほど判別するのが困難であると云わなければならない。為恭の稚児普賢は、蓮華座に乗る童を月輪で囲むこの図像を、まるでそのまま切り抜いたようである。なお、①から年代を経た④には月輪が付け加えられている。

【挿図17】《稚児大師御影》

【挿図15】《稚児大師御影》

【挿図18】《稚児大師御影》

【挿図16】《稚児大師御影》

対して、俯瞰の白象は普賢十羅刹女像や普賢来儀図の振り返るパターンである。特に、為恭自身が所有し、安政二年（一八五五）の《普賢菩薩十羅刹女像》【挿図4】の見本とした伝藤原信実筆《普賢十羅刹女像》のそれに似ている。為恭は、これら二つの図様を摘出して組み合わせることで、これを成立させたのではないだろうか。これに、絵巻などの軽妙な色彩描法や筆法を加味して、やまと絵の趣きを加味したものではないかと私考している。

最終的な争点は、為恭筆《稚児普賢菩薩像》の図様が彼の創意になるのかどうかという点である。現状では、同図様の絵画を発見出来ていないものの、中世の童子形の絵画との距離は近しい。漢画の文脈の稚児普賢像がこの時代に成立していることからも、現存作例が存在しない、または見つかっていないだけで、為恭以前に合掌した童子が白象に乗る図様が成立していた可能性は依然残る。しかしながら、現時点ではこれが見つからないことから、為恭の独創である可能性もまた否定しえない。白象と、蓮華座の上の童子の些細なずれが、淡くこれを仄めかしている。

おわりに

本稿は、冷泉為恭筆《稚児普賢菩薩像》の図様が彼の創意によるか否かという点において、第一に通例の稚児普賢の図様と異なり普賢来儀図であること、第二に普賢菩薩が和装の童子に置き換えられていること、さらに第三は可憐な色彩を伴い、本格的な仏画とは異なった作風になっているという三つの観点を設定し、これに類する和装童子形の文殊菩薩や春日明神と、中世の童子形の古画との比較によって論証を試みた。
童子形の流行と神仏習合を背景として、中世には多くの和装化された童子形の仏画の作例があり、古画模写を熱心に行った為恭はこれらに接触する機会が当然あっただろう。稚児の普賢菩薩については、漢画であれば鎌倉時代まで遡れるものの、和装については図様を見つけることが出来なかった。しかしながら、文殊と普賢の距離は近しく、為恭以前に和装の稚児普賢が成立していた可能性も否定できない。そのため、現時点では、これら古画に接した為恭の創意に基づく図様とする説は保留となる。ただし、白象と蓮華座に乗る稚児の視点のずれを糸口に、蓮華座の上の童子と、普賢十羅刹女から切り抜いた白象の二つの図像を組み合わせることで、為恭が独自に本図を成形したのではないかとの仮説を立て、筆者は為恭の創意の可能性の高さを提示して論の結びとした。

注

（1）『特別展　復古大和絵師　為恭―幕末王朝恋慕―』（大和文華館、二〇〇五年）一六四頁。
（2）金井紫雲編『東洋画題綜覧』（国書刊行会、一九九七年）。
（3）吉田竜英『仏像解説図絵』（三省堂、一九四二年）。
（4）梅尾祥雲『梅尾全集Ⅴ　理趣経の研究』（密教文化研究所、一九五九年）。
（5）菊竹淳一「普賢十羅刹女像の諸相」（『仏教美術』一三三、一九八〇年）。
（6）土谷恵『中世寺院の社会と芸能』（吉川弘文館、二〇〇一年）。
（7）増記隆介『院政期仏画と唐宋絵画』（中央公論美術出版、二〇一五年）一九六頁。
（8）東京美術学校編『日本名画百選』（審美書院、一九〇六年）。
（9）水尾比呂志「冷泉為恭筆普賢菩薩図」（『国華』九一六、一九六八年）。
（10）『冷泉為恭』（東京国立博物館、一九七九年）。

(11)恩賜京都博物館編『復古大和絵派　訥言・一蕙・為恭画集』(大雅堂、一九四三年)。
(12)①恩賜京都博物館編『田米知佳画集』(便利堂、一九二九年)。②逸木盛照『冷泉為恭の生涯』(便利堂、一九五六年)。
(13)国立国会図書館デジタルコレクション〈http://dl.ndl.go.jp/info:ndljp/pid/2574771/1〉。
(14)金子啓明『日本の美術三一四　文殊菩薩像』(至文堂、一九九二年)。
(15)津田徹英『日本の美術四四二　中世の童子形』(至文堂、二〇〇三年)。
(16)精芸出版合資会社編『群芳清玩』第四冊(精芸出版合資会社、一九二〇年)。
(17)中村溪男「名品鑑賞　稚児文殊像=MASTERPIECES FOR APPRECIATION Chigo Monju」(『古美術』九、一九六五年)。
(18)同前書。
(19)平田久編『大師会図録』第一六回(一九一二年)。
(20)精芸出版合資会社編『群芳清玩』第二冊(精芸出版合資会社、一九二〇年)。
(21)中村作次郎『好古堂一家言』(中村作次郎、一九二〇年)。
(22)中村溪男『日本美術二六一　冷泉為恭と復古大和絵』(至文堂、一九八八年)。
(23)註12②同文献六一頁。
(24)福地佳代子「平安・鎌倉時代における童子形文殊の展開」(『女子美術大学研究紀要』三六、二〇〇六年)。
(25)野間清六「名品鑑賞　稚児文殊像について」(『古美術』一一、一九六五年)七七頁。
(26)註22同文献九七頁。
(27)註24同文献。
(28)『特別展　神仏習合―かみとほとけが織りなす信仰と美―』(奈良国立博物館、二〇〇七年)。
(29)①福地佳代子「春日信仰における童子神の成立と展開」(『女子美術大学研究紀要』三五、二〇〇五年)。②同氏「春日若宮信仰に関する一考察―春日曼荼羅の本地仏表現を通して」(『女子美術大学芸術学科紀要』六、二〇〇六年)。
(30)メトロポリタン美術館コレクション〈http://www.metmuseum.org/toah/images/hb/hb_1997.113.jpg〉。
(31)註28同文献。

(32) ①水尾比呂志「冷泉為恭筆普賢菩薩像・源氏物語図」(『国華』八五一、一九六三年)。②田村狙岡「岡田為恭筆文殊図解」(『国華』三六一、一九二〇年)。③添田達嶺「冷泉為恭筆皇帝御童形御肖像」(『塔影』一四―九、一九三八年)。
(33) 黒田日出男『[絵巻]子どもの登場』(河出書房新社、一九八九年)。
(34) 註6同文献一六六頁。
(35) 硲慈弘著、大久保良順補注『天台宗史概説』(大蔵出版、一九六九年)。
(36) 舘隆志「三井寺の公胤について(上)―法然・栄西・道元・公暁と関わった天台僧―」〈http://repo.komazawa-u.ac.jp/opac/repository/all/29357/rbb037-16-tachi.pdf〉。
(37) 註6同文献一六三頁。
(38) あかね会編『平安朝服飾百科辞典』(講談社、一九七五年)。
(39) 註1同文献。
(40) 註6同文献一六〇頁。
(41) 註38同文献四七六頁。
(42) 註16同文献。
(43) 有賀祥隆『日本の美術二六九　法華経絵』(至文堂、一九八八年)。
(44) 上川通夫『日本中世仏教史料論』(吉川弘文館、二〇〇八年)。
(45) 註7同文献二七〇頁。
(46) 松浦正昭「菩薩像の発生と展開」(奈良国博物館『菩薩』、一九八七年)。
(47) 註25同文献四三頁。
(48) 山本勉『日本の美術三一〇　普賢菩薩像』(至文堂、一九九二年)七〇頁。
(49) 註17同文献九八頁。
(50) 塚本善隆編『新修日本絵巻物全集一四　法然上人絵伝』(角川書店、一九七七年)。
(51) 拙稿「冷泉為恭の仏画をめぐって」(『文化交渉　東アジア文化研究科院生論集』三、二〇一四年)。
(52) 註48同文献七二頁。

(53) 水原尭栄『弘法大師御影』(便利堂印刷所、一九三四年)。

(54) 津田徹英『日本の美術四四二 中世の童子形』(至文堂、二〇〇三年)六六頁。

【挿図出典】

挿図1・2・4・5:『特別展 復古大和絵師 為恭―幕末王朝恋慕―』(大和文華館、二〇〇五年)。

挿図3:愛媛大学図書館 鈴鹿文庫〈http://www.lib.ehime-u.ac.jp/SUZUKA/316/image/018.jpg〉。

挿図6:東京国立博物館コレクション〈http://www.tnm.jp/modules/r_collection/index.php?controller=dtl_img&size=L&colid=A1&t=〉。

挿図7・9:恩賜京都博物館編『復古大和絵派 訥言・一蕙・為恭画集』(大雅堂、一九四三年)。

挿図8:恩賜京都博物館編『田米知佳画集』(便利堂、一九二九年)。

挿図10:東京国立博物館画像検索〈http://webarchives.tnm.jp/imgsearch/show/C0062632〉。

挿図11:一般財団法人センチュリー文化財団〈http://www.ccf.or.jp/jp/04collection/item_view.cfm?P_no=1549〉。

挿図12:精芸出版合資会社編『群芳清玩』第四冊(精芸出版合資会社、一九二〇年)。

挿図13:中村渓男「名品鑑賞 稚児文殊像=MASTERPIECES FOR APPRECIATION Chigo Monju」(『古美術』九、一九六五年)。

挿図14:関西大学図書館所蔵。

挿図15~18:水原尭栄『弘法大師御影』(便利堂印刷所、一九三四年)。

※挿図7~9・12・13・15~18は、国立国会図書館デジタルコレクション〈dl.ndl.go.jp〉より転載。

東アジアの肖像画

――渡辺崋山筆《佐藤一斎像》――

中谷伸生

はじめに

江戸時代末期に活動した渡辺崋山（一七九三―一八四一）は、東アジアとヨーロッパの絵画表現を併せもつ文人画家かつ写生派の画家であるが、文政四年（一八二一）に制作された《佐藤一斎像》〔東京国立博物館蔵〕には、日本という枠組を越えて、東アジアの肖像画と共通する表現法を見てとることができよう。この画面には、一見すると、緻密な写生的な肖像画を見出すことができるように思われるかもしれないが、実は、対象（モデル）を正確に描くことを究極的な目的とはしない東アジアの肖像画の表現が見てとれるのである。

崋山の肖像画においても明らかなように、十九世紀に至るまでの日本、中国、韓国など、東アジアの肖像画は、西洋近代のそれとはかなり相違する独特の形式と内容を表現していた。十九世紀前半の日本の絵画には、部分的とはいえ、すでに西洋の技法も導入されており、近代化の狼煙が上げられているが、それでもなお、東アジアの肖像画の特質が色濃く残されていて、絵師たちの表現法には伝統の縛りが残されていた。ここでは崋山の《佐藤一斎像》を採り上げて、この画面には一体何がどのように描かれているのかを明らかにし、西洋近代の肖像画とは異なる東アジアの肖像画に見られる典型的かつ本質的な特質を抉り出してみたい。

一　《佐藤一斎像》の正本と画稿

崋山の《佐藤一斎像》〔図①〕には重要な二点の下絵が遺されており、それらの下絵は、本画の《佐藤一斎像》とはかなり異なる印象を示している。[1] とりわけ、紙本墨画淡彩（縦三八、九横一八、七センチメートル）の《佐藤一斎画稿（第二）》（以下《「画稿」（第二）》と略記する）〔図②〕は、一瞥して、強烈な精神性の表出を露にする肖像画稿である。食い入るように見つめる鋭い眼、漲る緊迫感、一瞬を描いたか

【図１】《佐藤一斎像》

に見える生動感。この文政四年（一八二一）頃に制作された《画稿（第二）》は、これを下敷にした完成作で、絹本著色（縦八一横五〇センチメートル）による《佐藤一斎像》（文政四年）〔東京国立博物館蔵〕〔図①〕の最初の構想が如何なるものであったかを推測させる興味深い下絵である。いうまでもなく、画面中央上部に朱書で「第二」と記された《画稿（第二）》が、正本の《佐藤一斎像》完成に至る初期の制作に位置づけられる画稿だと思われ、同じく画面右上部に墨書で、「第十一」と記されている紙本墨画淡彩（縦七六横四七、五センチメートル）の《佐藤一斎像画稿（第十一）》（以下《画稿（第十一）》と略記する）〔図③〕は、正本に酷似した面貌の表現や体躯の形態、それに構図の特徴などから見て、最終段階の画稿であると推測できよう。《画稿（第十一）》の画面左中央に朱書された「逼真温而習」という言葉から

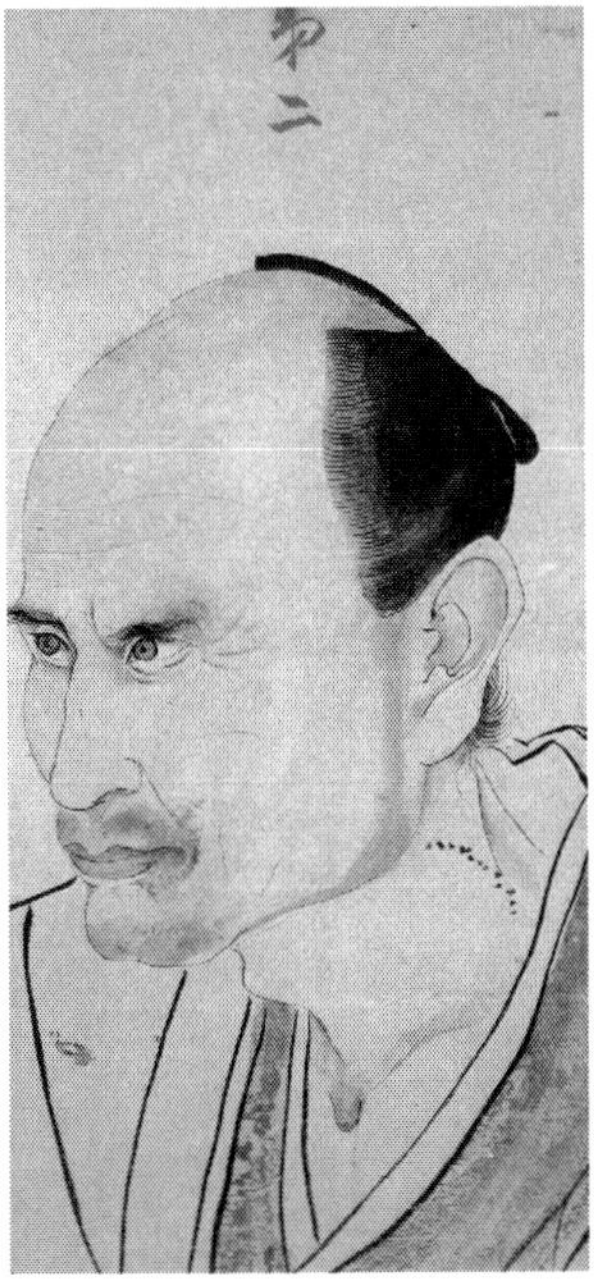

【図２】《佐藤一斎像（画稿第二）》

【図３】《佐藤一斎像（画稿第十一）》

は、迫真的な表現を狙いとする崋山の意図が窺われる。「逼真温而習」という言葉については、日比野秀男氏が「真に逼る、温めて習う」と訓み、「温而習」とは、繰り返し学習すること、だと指摘している。[2]

ところで、「第二」という記述から考えて、当然、第一の画稿が存在したと推測すべきであるが、遺存する画稿の中で、この《画稿（第二）》が最も初期の制作段階を示す下絵だということになる。[3] 注目すべきは、正本よりも下絵の《画稿（第二）》の方が、一層生動感に溢れる優れた肖像画である、としばしば主張されてきたことである。というのも、確かに《画稿（第二）》は、正本及び《画稿（第十一）》と比較すると、面貌に漲る迫力という点では、かなりの力作となっているからである。こうした印象が生じる理由として、《画稿（第二）》では、まず、ほぼ四分の三正面観にされた佐藤一斎の頭部の描写が、《画稿（第十一）》及び正本よりも、さらに横向きとなっていて、鼻の先が右頬の輪郭線よりも僅かに外へ突き出ているため、頭部に一層の立体感が付与されることになったからであろう。次に、この《画稿（第二）》では、頭部が身体から前方へぐっと突き出るように描かれている。そのために、人物が今まさに何事かに神経を集中して、身を乗り出すかの緊迫感が漂っている。要するに、《画稿（第二）》では、顎を突き出した動きのある姿勢となっているのである。頭部の描写のみを比較しても、正本と《画稿（第十一）》では、感情を幾分抑えた、いわば記念写真とも思える姿勢であるのに対して、《画稿（第二）》の方は、ある行動の瞬間を描いたかのような、強い意志力、あるいは漲る緊迫感を感じさせる描写になっている。

幕府の儒官であった佐藤一斎（一七七二―一八五九）は、名が坦、字が大道、通称は捨蔵で、号が一斎、愛日楼、老吾軒などで、美濃岩村藩の家老職の名門の家に生まれ、林家の門に入って、林述斎とともに儒学を学び、大坂の中井竹山にも学んだ。寛政四年（一七九二）に、林信敬（錦峯）が死去し、述斎が林家を継いだ後、一斎は文化二年（一八〇五）に林家の塾頭となった。さらに述斎没後の天保十二年（一八四一）には、幕府の儒官となって、昌平黌で教えることになる。その学問は、陽明学の影響をも強く受けた朱子学で、「陽朱陰王」と呼ばれた。また一斎は、温厚篤実な性格であったらしくて、門下生の崋山とも深く親交を温めた儒学者であったという。そのため、崋山は終生一斎を師と仰いでいたようで、三十一歳のときに記された『心の掟』には、「交り候人一斎佐藤、思斎本多、この二人は心事の相談致し万事不隠候事」と記されている。[4] そうした敬愛の気持ちが、本作品の表現に、大きな影響を与えていたことが窺われる。

《画稿（第二）》〔図②〕を一瞥して、今一つ見逃せないのは、左右に釣り上がるように描かれた両眼と眉であろう。これに関しても、正本と《画稿（第十二）》〔図③〕では、ほぼ水平方向に一直線に近い形態に纏められているが、《画稿（第二）》では、あたかも獲物を狙う鷹の鋭い眼に似た形態描写となっている。加えて、この緊迫感をいやが上にも高めているのが、湾曲する形で縦に引かれた眉間の皺の力強い線描であろう。この印象深い線描は、《画稿（第十二）》や正本では見られない。画稿と正本との異同に関しては、従来から、画稿類と比較して、正本の《佐藤一斎像》〔図①〕が、崋山の初期の肖像画であるため、技術的に弱点があって充分に成功していない、という指摘が美術史家によってなされてきた。たとえば、尾崎正明氏は、正本の《佐藤一斎像》に言及して、「実に細やかな描写をしているが、いかにも線描や陰影のつけ方がかたく柔軟性に乏しく、特に首から上と下の着物の部分とが、うまく解けあっていない感じがする」[5] と述べている。

かつて、日本美術史研究においては、画稿類は本画の資料的な下絵にすぎないと見なされた時期があって、積極的に評価の対象とならなかったきらいがある。このことに触れて、鈴木進氏は、「画稿といふものは少なくとも、従来は鑑賞の対象となるやうなことはなく、飽くまでも作家の画室内にとゞまるものであった。しかし、現在は画稿なればこそ、ぢかに作家のいぶきにふれるものとして、或ひは制作の過程を窺えるものとして高く評価されるやうになった。[6]」と述べている。もっとも、この崋山の《画稿（第二）》に関しては、かつて《「画稿」（第二）》と《立原翠軒像稿本》〔図④〕を例に挙げて、「殊に立原翠軒像稿本（小室翠雲氏蔵）、佐藤一斎像稿本（下村仙氏蔵）等の如き画稿類における肖像の清新なる表現はどうであらうか。[7]」という上野照夫による戦前の解説や、「だいたい日本畫は、完成した作品より草稿の方がいきいきしているものであるが、崋山の肖像畫には、特にこの傾向がいちじるしいようである。[8]」という吉澤忠の主張など、早くから画稿の優れた表現力に注目する研究者が多かった。

【図４】立原翠軒像稿本

ところで、これら崋山の佐藤一斎像の正本と画稿類とを、正本としての本画と、下絵としての画稿の二つに単純に分けるだけでは、あまりに大雑把にすぎる。というのも、作品に即して考察してみると、崋山の佐藤一斎像《画稿（第二）》と《画稿（第十一）》とでは、性格がかなり異なっているからである。すなわち《画稿（第十一）》は、構図、モティーフなど、細部に至るまで正本と同様の線描を伴っていて、また正本とほぼ同寸法で、しかも数枚の紙を継ぎ足しており、とりわけ顔の部分は、修正のための紙を新たに張り足して描き直されていることから、いわゆる本画に対する大下絵といった位置づけになっている。それに比べて、《画稿（第二）》の方は、大下絵に至る前段階のスケッチともいうべき性格を示している。《画稿（第十一）》が、正本と密接な関係にある下絵であるのに対して、《画稿（第二）》は、必ずしも、正本の造形と緊密に関連する予備習作ではないことを見逃してはならないであろう。要するに、まず何よりも面貌の描写に力を入れた《画稿（第一）》（遺存せず）があったと思われるが、この画稿は、遺存する《画稿（第二）》とおそらくよく似た写生的作品であったと推測される。続いて、《画稿（第二）》が、同様の狙いで、表現性に富む力の籠った素描として描かれ、その後に、やはり推測の域を出ない仮説であるが、《画稿（第三）》、《画稿（第四）》、《画稿（第五）》、《画稿（第六）》、《画稿（第七）》、《画稿（第八）》、《画稿（第九）》、《画稿（第十）》（いくつかの議論がなされてきたが、基本的にこれら八点は遺存せず）までの作品が制作されたと推測されるが、それらは、おそらく《画稿（第二）》と《画稿（第十一）》とを繋ぐ実験模索の画稿であったに違いない。つまり、今のところ遺存しないと考えられる第三から第十の画稿は、《画稿（第二）》に似た緊迫感あふれる写生的な素描や、本画の絹本に転写（透写）する目的の《画稿（第十一）》に近い性格の素描など、さまざまな性格をもつ作品であったと推測される。また、像主の佐藤一斎を前にして写生された《画稿（第二）》のような面貌の素描は、複数描かれた可能性が高く、それらの中から、最も気に入った素描が選択されて、《画稿（第十一）》に見られる大きな寸法の画稿の制作へと作業が進められたようである。その結果、画稿制作の最終段階に位置づけられる《画稿（第十一）》の印象は、《画稿（第二）》とはかなり異なる、抑制された静謐な印象を与える素描になったわけである。加えて、《画稿（第十二）》（遺存せず、また実際に制作されたかどうかも不明）などが、もしも描かれたとすれば、おそらくそれは、《画稿（第十一）》によく似た、正本への転写（透写）に使うための作品であったと考えられる。つまるところ、正本《佐藤一斎像》は、おおよそ《画稿（第十一）》から受ける雰囲気を、ほぼそのまま引き継いだ肖像画になっているのである。

二　正本と画稿の制作過程をめぐって

洋の東西を問わず、下絵を伴う一枚の絵画が完成される過程を大雑把に振り返って見ると、まず最初に、いまだ隅々まで明確ではないが、ある程度まとまりのある構想のイメージが形づくられ、続いてそのイメージが構図やモティーフの決定によってかなり明確化され、続いて完成作の予備習作としての下絵の制作がなされて、最終的にこの下絵に基づいて完成作が仕上げられる、というのが絵画作成の手順である。西洋絵画の作例を恣意的に挙げると、イタリア・ルネサンス期のミケランジェロ（Michelangelo Buonarroti 1475–1564）の壁画などでは、完成作と同寸法の下絵（カルトン Cartoon）が制作され、それに基づいてフレスコ画の完成作が仕上げられた。例えば、パオリーナ礼拝堂の壁画《聖ペテロの殉教》（一五四五―五〇）と、その下絵（これは、日本画の大下絵に相当する）の場合がこれにあたる。また、バロック時代の画家ルーベンス（Pieter Paul Rubens 1577–1640）などの場合、寸法の小さい鉛筆やコンテによる素描、あるいは小型の油彩スケッチ（日本の絵画のいわゆる画稿・下絵に相当する）において、構想されたイメージがまとめられ、そのスケッチを基にして、細部が決定されていき、大作が仕上げられるという場合がしばしばある。たとえば、ルーヴル版画室所蔵の素描《自画像》（一六三三―三五年頃）の場合では、画家が構想したイメージが明確化されていく過程全体が、寸法の小さい一枚のスケッチに凝縮されているということになる。さらに、ロマン派のドラクロワ（Eugene Delacroix 1798–1863）の場合、さまざまな構想スケッチが試みられた後、完成作より小さな寸法の粗描きの油彩習作（日本画の大下絵以前に制作される小下絵に似る）がつくられ、最後に完成作が仕上げられる。たとえば、ルーヴル美術館所蔵の《サルダナパールの死》（一八二七年）を想起すればよい。今ひとつ付け加えておくと、印象派の絵画などにおいてしばしば見られるケースだが、基本的に、最初の構想から完成までの過程が、一枚のキャンバスに凝縮され、次々と絵の具が重ねられていって、結果的に完成作しか遺らない場合がある。

　このように、時代や地域、そして画家によって、あるいは同じ画家でも時と場合によって、微妙に異なる制作過程が見受けられるわけであるが、こうした制作過程を、遺存する幾つかの下絵によって、段階的に明らかに示してくれるのが、近世の絵画及び近代日本画とその画稿類である。若干の例を挙げると、崋山の《佐藤一斎像》の場合とは少々性格が異なる作例ではあるが、やはり現場でのスケッチと完成作との関係を明示する池大雅〔享保八—安永五〕の《浅間山真景図》〔十八世紀中頃〕〔図⑤〕と《三岳紀行図屏風》〔宝暦一〇年〕〔京都国立博物館蔵〕〔図⑥〕が遺存する。この作品には、単なる自然の写生的な描写が再現されているのではなく、現実の風景スケッチに基づきながらも、大雅の理想的な風景が再構成されて実現された、という指摘がなされている。[9]また、狩野芳崖〔一八二八—一八八八〕の《悲母観音図》〔明治二

【図5】池大雅《浅間山真景図》

一年）〔東京芸術大学蔵〕と、その最初の構想を示す小さな画稿から最終段階の大下絵までのさまざまな作例が遺存している。《悲母観音図》の画稿類では、観音のしぐさや衣装などの形態のみならず、さまざまな色彩の実験の様相までも確認できるが、作品完成までに、芳崖が、幾度も構想を変更したり、新たに練り直している過程が窺えて[10]興味深い。

さて、以上に述べた正本と画稿類との問題に照らして、崋山の正本《佐藤一斎像》を検討してみると、この作品は、画面中央右から下にかけて、「文政辛巳孟秋下澣　受業弟子渡邊登拝手敬寫」との落款があり、文政四年の制作で、崋山が二十九歳、佐藤一斎が五十歳の時期の肖像画である。画面上部の賛は、作品制作の三年後の文政七年に、佐藤一斎自身によって記されたもので、冒頭には次のように記されている。

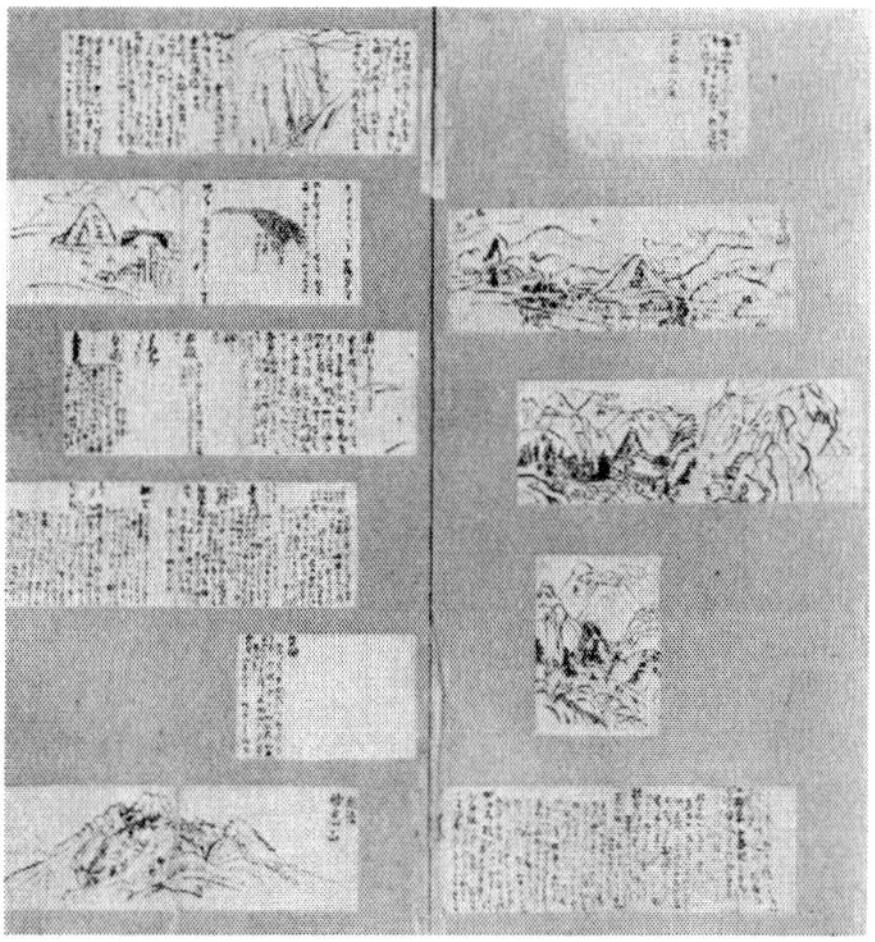
【図６】池大雅《山岳紀行図屏風》

一毫似我、謂之我可也、一毫不似我、謂之非我可也、其似与不似者貌也、存於似与不似之外者神也、是神也……[11]

この一斎による賛からは、金原宏行氏も解説しているように、「その人の真実を対看写照によって描くことで外貌から神〈あるべき姿、理想、神品〉へと近づく表現を獲得しようと努めた」[12]という崋山の制作態度を窺うことができよう。ところで、正本の画面に描かれた佐藤一斎は、やや右向きの半身像となっており、繊細な細い墨線によって顔の輪郭をとり、ごく薄い代赭を塗って、眉、眼、口の周辺に陰影を施し、渋く抑制された草汁色の着物にも淡墨で陰影を施しつつ、合羽には胡粉の点描を駆使している。着物の輪郭線は、頭部のそれほど繊細ではなく、《画稿〈第十一〉》の着物の輪郭線に用いられた太くて簡潔な墨線に酷似する。画面を一瞥して、まず気づかされるのは、この作品が、構図やモティーフの扱いにおいて、伝統的な肖像画の型に立ち返っていることであろう。《画稿〈第二〉》において、あれほど緊張感に満ちた描写力を示した崋山が、《画稿〈第十一〉》や正本では、一見したところ、やや平板で硬さの残る表現に陥ることになった理由がそこにある。具体的に観察してみると、正本の《佐藤一斎像》は、半身像でほぼ四分の三正面観にされており、《画稿〈第二〉》と比較すると、顔面の描写は、少々無表情とも見えるほどに感情の抑制がなされており、画稿で見られた力強い表現は弱められていて、日本の伝統的な肖像画を想起させる記念碑的な描写に近づいている。この画面では、《画稿〈第二〉》を一瞥したときの〈一瞬を描いたかに見える生動感〉はもはや見られず、いわば現実を超越したかに感じられる時間の流れ、換言すれば、一斎という人物の人生の歩み全体が、ひとつの画像の中に凝縮されて表現されている、といった印象を観者は抱くであろう。おそらくそのために、崋山は、《画稿〈第二〉》の画面で感じられる〈食い入るような鋭い眼〉、〈漲る緊迫感〉、あるいは〈一瞬を描いたかに見える生動感〉といった雰囲気を、この正本の面貌表現から排除したように思われる。また、全体の印象からいって、崋山は、形態モティーフや構図など、中国から将来された頂相の肖像画、あるいは鎌倉時代の武将をはじめとする歴史的人物画、そして大きく見て、これらを引き継いだ室町や江戸の種々の肖像画類の伝統を基本的に踏襲したに違いない。このことに関連して考慮しておかなければならないのは、古代中世以来、日本の絵画に圧倒的な影響を与えてきた中国の肖像画であろう。日本の肖像画の源流にある中国の肖像画の特質を一瞥すると、中国の肖像画は、人物の身体のみを画面いっぱいにクローズ・アップして描くもの以外に、たとえば、清の宮廷画家禹之鼎（一六四七―一七〇九頃）によって康熙十五年（一六七六）に描かれた《姜宸英像》〔図⑦〕などに見られるように、主人公と関連のある背景を詳しく描く場合がある。しかも、寓居と庭などが画面いっぱいに描かれることも多く、その風景を背景にして、人物が小さく描かれる。要するに、ここでは、単なる肖似性を超えて、描かれた人物の人生を説明的に表す肖像画になっているのである。一部の例外を除いて、日本には、この種の肖像画はほとんど見られない。けれども、中国絵画の影響は、大なり小なり、既述の〈神〉を写す、といった性格に垣間見られるに違いない。つまり、《佐藤一斎像》正本は、ルネサンス以降の西洋の多くの肖像画のように、徹底して緻密な肖似性を狙いとしたものではない。また、中国の肖像画の厳しい肖似性をも受け入れなかったものの、広義の写実を踏まえつつ、中国絵画の影響を受けて展開した日本の肖像画の伝統に指摘できる精神性の表出を狙いとした、といってよいかも知れない。

【図7】禹之鼎《姜宸英像》

文化十二年（一八一五）、崋山が二十五歳のときに制作した縮図『寓絵堂日録』の中に、《一休頂相図》（紙本墨画）などが描かれていることから考えて、崋山の脳裏には、古代中世以来の日本や中国の頂相をはじめとする種々の肖像画が想起されていたに違いない。[13] 菅沼貞三氏も指摘している通り、椿椿山に答えた崋山の「絵事御返事」に記された画論からも、清代の惲南田らに関心を抱き、謝赫の『古画品録』を紐といて、気韻生動を論じる崋山が、日本中国の古画の影響を強く受けていたことは改めて論じる必要もない。[14] ただし、崋山の場合には、面貌の描写に、師の谷文晁あるいはオランダの書物の銅版挿絵などから学んだと推測される陰影法が用いられており、その点で崋山の近代的姿勢が窺える。《佐藤一斎像》を制作していた時期、崋山が西洋絵画の描写法を研究していたことに関しては、崋山に師事した三宅友信の証言がある。

先生三十歳の頃より畫風大に變ず。其前畫く所のもの、大抵谷文晁北村武清等の寫意に髣髴す。後一家の風をなし、且つ西洋畫の畧蔭あるに心酔し頗る其法に倣ふ。是よりして肖像を畫く妙致に至れり。故に名公大家其像を請ふもの多く、佐藤一斎市河米庵の肖像最も眞に逼ると云ふ。[15]

いずれにしても、《画稿（第二）》の生き生きとした緊迫感あふれる描写は、正本では後退しているといってよい。要するに、西洋絵画のカルトンと完成作との関係に似て、「佐藤一斎像」制作にあたっては、《画稿（第十一）》などに基づいて、正本が、いわば半ば模写されるようなやり方で完成へと導かれ、しかもその際に、全体の構成において、崋山は伝統的な肖像画の基本に立ち帰った。つまり《画稿（第十一）》は、西洋絵画のカルトンの性格に近く、《画稿（第二）》は、それとは異なる性格の、いわばクロッキー的な素描だということになる。

三　《画稿（第二）》の独立性と《佐藤一斎像》

いうまでもなく、《画稿（第二）》〔図②〕は、正本の全体の構想を示すイメージを表した素描ではない。すなわち、この画稿は、大局に見れば、本来、正本を制作するための下絵として着手されたものであったかも知れないが、この画面では、まず何よりも佐藤一斎の人物の顔を正確に描写しようとする、いわば〈部分スケッチ〉となっているのである。こうした性格は、制作の第一段階として、写実的に人物の面貌のみを描く頂相の素描、たとえば、現在、東福寺の栗棘庵にある鎌倉時代の墨線のみで描かれた白雲慧暁の肖像〔図⑧〕などを想起させるが、紙型を裏返して左右逆の図様を本紙に転写した《白雲慧暁像》の場合とは基本的に異なって、崋山の場合には、左右そのまま透写あるいは転写するための下絵の初期段階の素描になっている。ともかく、伝統的な肖像画の完成された様式をあまり意識せずに描かれた《画稿（第二）》は、正本及び《画稿（第十一）》〔図③〕とは異なって、佐藤一斎という人物の瞬間の心の動きまでも写しとろうとする臨場感に溢れている。要するに、描こうとする人物を前にしての、いわゆる現場での写生の表現といった感が強い。崋山は、輪郭線に肥瘦の抑揚を与えつつ、緊迫感溢れる描写を実現した《画稿（第二）》の表現から、伝統的な肖像画を意識して、記念碑的ではあるが、《画稿（第二）》に見られる

【図８】《白雲恵堯像》（栗棘庵）

生動感を少なからず欠く《画稿（第十一）》、そして正本へと制作を進めた。制作段階の早いスケッチなどの方が、最終段階の完成作よりも生き生きした生命感に溢れているというケースは、西洋の絵画の完成作と下絵の関係においても、しばしば見受けられるが、こうした特質は、下絵を、いわば模写するやり方で写しとる日本の近世絵画や近代の日本画においては、より一層典型的に見出され、型にはまった正本よりも、臨場感溢れる画稿類の方が、線描の鋭さをはじめとして、さまざまな点で魅力的だと指摘されるひとつの大きな理由であろう。このことは、崋山が天保八年（一八三七）に制作した《市河米庵像》正本〔京都国立博物館蔵〕〔図⑨〕とその画稿（下絵）〔京都国立博物館蔵〕〔図⑩〕との関係と同様である。[16] 普段着の姿で描かれた《市河米庵像稿本》では、額や鼻や口の周辺に見られる皺の表現が、正本のそれよりも、はるかに濃くて湾曲した線描になっており、また、紙本に食い込むかのように、力強くかつ繊細に描かれている。とりわけ両眼の表現は、この人物が只者ではないという印象を醸し出すほどに不気味である。

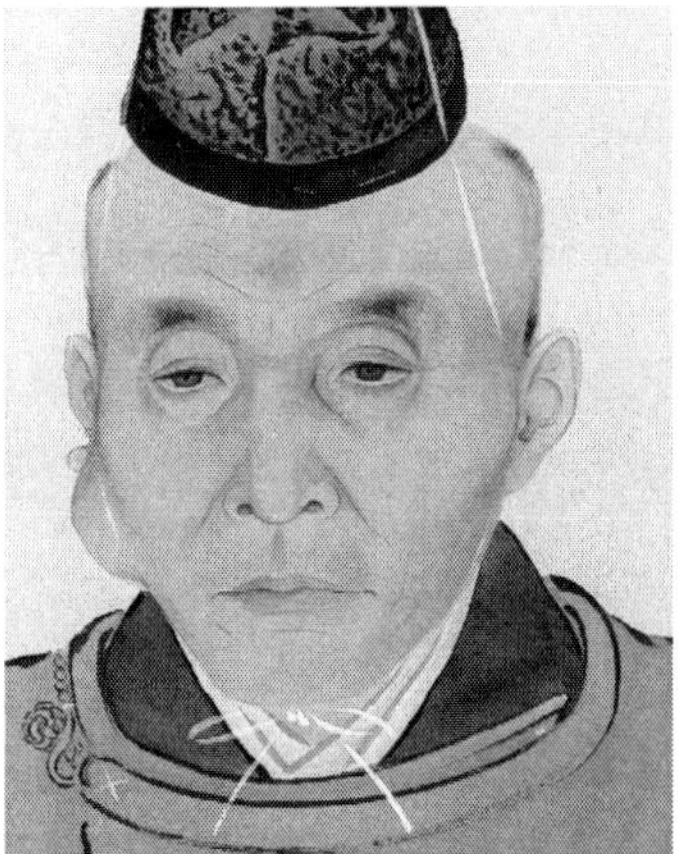
【図９】《市川米庵像》

【図10】《市川米庵像稿本》

だが、正本の《市河米庵像》の方はといえば、強烈な印象深さは後退させられており、《佐藤一斎像》正本の場合と同様に、抑制された静謐な人物像になっている。これに関連する見解として、日比野秀男氏は、「この素描と正本の描写の使い分けは、決して素描が正本の下描きであるということにとどまらず、崋山が〈一掃百態図〉の『風俗画論』で述べたように、『勧善懲悪』の対比概念が、肖像画の素描と正本を描くに際してもあったように思われる。正本には理想を描き、素描は悪とは言わないまでも、人間の持つ醜い一面も描ききったのであった[17]」と述べている。日比野氏の見解は興味深いが、私は、勧善懲悪の対比というよりも、構想を練った画稿から正本へと進展する、絵画の制作過程の性格から、画稿と正本との相違が生じた、と考えている。とりわけ《佐藤一斎像》の場合には、画稿と正本の目的の違いから、半ば必然的に生じる落差があったに違いない。

以上のような正本と画稿との相違から、崋山の肖像画においては、しばしば画稿の方が優れているのではないか、という主張がなされるのである。しかし、崋山らの日本の肖像画を、迫真的、つまり写実的な生動感がある、という観点のみに焦点を絞って評価するのは危険であろう。というのも、崋山の《佐藤一斎像》正本においても、日本の伝統的な肖像画の〈型〉（時代を超えて継承される造形性）を半ば踏襲して、人物の〈神〉を表すという、ある理想的な画像を実現する狙いがあったからである。

崋山の《佐藤一斎像》は、正本と《画稿（第二）》及び《画稿（第十一）》の三点を併せて、「対看写照」、つまり人物を目のあたりにして描く方法をとった肖像画だと指摘されている[18]。しかし、すでに述べてきた《画稿（第二）》と正本の二点の作品を前にして受ける印象の相違については、その相違がなぜ生じることになったのか、という考察が必要であろう。《画稿（第二）》は、もちろん完成作の予備習作としての性格をもっているが、だからといって、正本の単なる下絵にはなっておらず、それ自体独立した素描作品としての性格を色濃く保持している。

そのために、《画稿（第二）》は、伝統的な肖像画の〈型〉を少なからず意識した正本および《画稿（第十一）》とは異なる性格をもち、あたかも身体を動かそうとする、一瞬を描いたかの印象を示す緊迫感溢れる人物描写になっている。《佐藤一斎像》の制作にあたって、崋山は、一斎なる人物を、最初はできる限り写実的に描こうとする情熱を抱いていた。その段階で、崋山は、完成作の〈型〉、つまり理想的な肖像画の構図や雰囲気というものを、未だ正確かつ詳細に描く必要がなかったのである。そのために、《画稿（第二）》は、食い入るように見つめる鋭い眼、漲る緊迫感、一瞬を描いたかに見える生動感を露にする力の籠った素描になったと推測される。さらに、誤解を恐れずにいえば、《画稿（第二）》には、一斎という人物のリアルな描写に加えて、筆を執る崋山自身の気迫が籠められたのではなかろうか。つまり、この画面では、一斎が示していた気迫と、それを描く崋山の気迫が渾然一体となっているのではなかろうか。これに関連していえば、われわれは、《画稿（第二）》と酷似するポーズで描かれた《立原翠軒像稿本》（文政六年頃）〔図④〕においても、やはり《画稿（第二）》とよく似た緊迫感が表明されていることを見逃してはならない。以上のように、伝統的な肖像画の〈型〉に捕らわれる必要のない、制作段階初期の《画稿（第二）》は、正本からある程度の距離をおいた素描だと考えられる。いうまでもなく、こうした臨場感あふれる表現法は、ある種の記念碑的性格を狙う《画稿（第十一）》及び正本では、目的の微妙な違いから、排除あるいは抑制されることになった。要するに、《佐藤一斎像》の制作過程を振り返って見ると、多くの西洋近代絵画における通常の制作過程とは少々異なる性格が見てとれるのではなかろうか。たとえば既述のドラクロワやルーベンスの場合では、初期段階の下絵の構想が、少しずつ変形されながらも、大局的に見れば、構想の骨格は、徐々に正確に形成されていき、最終的に完成作に結実する、ということになる。しかし、崋山の場合では、最終段階の画稿において、初期段階の構想は、大きく変化し、かなり性格の異なる完成作へと向かうことになった。この観点からいえば、一斎の鼻の先が、《画稿（第二）》では、右頬の輪郭線よりも僅かに外へと突き出ており、正本では内側に描かれるといった造形上の違いは、きわめて重要だといわねばならない。そのために、画面から受ける印象が、すっかり変わってしまったからである。要するに、正本の表現は、江戸時代後期まで継承されてきた日本文化の枠組みに根ざしており、崋山という画家の個人的な趣味を表すとともに、その趣味の範囲を遥かに超えた伝統の〈型〉を示している、と考えるべきであろう。

おわりに

最後に、《佐藤一斎像》の正本、《画稿（第二）》、《画稿（第十一）》の三点の作品の特質とその評価について触れておきたい。一般に、下絵としての素描が、完成作よりも生動感溢れる作品になっているというケースは、西洋の種々の作品において、また日本でも、大正期における日本画の下絵類などにおいて、しばしば見てとれるが、崋山の「佐藤一斎像」に限っていえば、《画稿（第二）》の方が、正本よりも優れているとは必ずしもいえない。より写実的かつ迫真的に描かれているという評価の基準は、西洋近代の芸術観や価値観、あるいは美術史観のひとつの基準にすぎないからである。正本の評価に際しては、肖似性を越えた人格表現ということが考慮されねばならないであろう。加えて、確かに崋山は、ずば抜けた力量の画家ではなかったかも知れないが、面貌に比べて身体が平板で硬いといった指摘、あるいは頭部と身体の緊密な結び付きの欠如といった指摘も、日本の伝統的な肖像画の約束事、つまり形態モティーフとしての伝統的な〈型〉（造形性）に対する問題を抜きにしては語れない。なるほど《画稿（第二）》は力作であるが、正本については、それとは異なる観点から評価がなされねばならないであろう。部分的に西洋絵画の影響を示す《佐藤一斎像》は、迫真的な写実あるいは写生という点では、日本近代絵画の端緒を準備する作品であるが、同時に、中国絵画の影響を受けて、ある種の神格化の性格を担った十九世紀末期における東アジアの肖像画の最終段階を示す典型的な肖像画でもある。崋山は、正本《佐藤一斎像》において、眼前の対象（モデル）としての師の肖似的な姿ではなく、敬愛する師が積み重ねてきた人格や学識のすべてを描こうとしたに違いない。

注

（1）拙著「渡辺崋山《佐藤一斎像》正本と画稿」、『関西大学文学論集』第四十五巻一号、一九九五年、四九頁—六四頁を参照のこと。
（2）日比野秀男『渡辺崋山—秘められた海防思想—』、ぺりかん社、一九九四年、一五二頁。
（3）佐藤一斎像の画稿としては、これら二点の他に、やはり画面上部に番号が記された《画稿（第三）》、《画稿（第四）》、《画稿（第五）》、《画稿（第六）》、《画稿（第七）》の五点が、かつて紹介されたことがあった。それら五点の特徴は、簡潔に記しておくと、《画稿（第二）》と《画稿（第十一）》とを繋ぐもので、《画稿（第二）》ほどの緊迫感や臨場感は感じられない。これらの画稿は、研究者間で議論の余地が残る作品である。鈴木進、尾崎正明『渡辺崋山』（日本美術絵画全集第二十四巻）、集英社、一三六—一三七頁。大西廣「近代化批判への一視点—渡辺崋山の肖像画稿を中心に」、『美術手帖』三五二号、一九七二年二月、二〇八—二二五頁。
（4）菅沼貞三『渡辺崋山〔人と芸術〕』、二玄社、一九八二年、一四頁、二〇九頁。
（5）鈴木進、尾崎正明『渡辺崋山』（日本美術絵画全集第二十四巻）、集英社、一三六頁。
（6）鈴木進「肖像画稿について」、『国華』七〇六号、一九五一年、五九頁。
（7）上野照夫「崋山の肖像畫」、『畫説』昭和十五年十月崋山号、東京美術研究所、一九四〇年九月。

（8）吉澤忠『渡辺崋山』（日本美術史叢書七）、東京大学出版会、一九五六年、二一七頁。
（9）小林優子「池大雅筆『浅間山真景図』について」、『美術史』一三四号、美術史学会、一九九三年三月、一八〇—一九九頁。
（10）京都国立博物館編『没後100年記念展　狩野芳崖—近代日本画の先駆者—』、京都新聞社、一九八九年、一七四—一七五頁参照。
（11）菅沼貞三監修『定本・渡辺崋山』、第一巻、郷土出版社、一九九一年、一五九頁。
（12）金原宏行「崋山の人物・肖像画」、同書『定本・渡辺崋山』、一〇二頁。
（13）前掲書、日比野秀男『渡辺崋山—秘められた海防思想—』、ぺりかん社、一九九四年、一七一頁。
（14）前掲書、菅沼貞三『渡辺崋山〔人と芸術〕』、二玄社、一九八二年、一七一頁。「絵事御返事」、前掲書『定本・渡辺崋山』第三巻所収、一五七—一六三頁。
（15）三宅友信「崋山先生略伝」、鈴木清節編『崋山全集第一巻』所収、崋山会、三一八頁。
（16）吉澤忠『日本の南画』（水墨画美術体系別巻第一）、講談社、一九七六年、六六頁。
（17）前掲書、日比野秀男『渡辺崋山—秘められた海防思想—』、ぺりかん社、一九九四年、一七五頁。
（18）菅沼貞三「総論・崋山の全画業」、前掲書『定本・渡辺崋山』第三巻所収、六一頁。

付記　本稿作成にあたっては、菅沼貞三監修『定本・渡辺崋山』（全三巻）、郷土出版社、一九九一年。日比野秀男『渡辺崋山—秘められた海防思想—』、ぺりかん社、一九九四年。及び金原宏行氏の諸論考に負うところが大であった。

Ⅳ 総論

東アジア圏における〈もの〉と〈自然〉
――東西比較思想的視点から――

井上克人

一 〈格物窮理〉の精神

一―一 〈直観〉にもとづく知

昭和一五年（一九四〇）に出版された岩波新書版『日本文化の問題』のなかで、西田幾多郎（一八七〇―一九四五）は、「物」の思想について、独自の考えを披瀝している。

幾千年来我々を孚み来つた東洋文化の底には、論理と云ふものがないであらうか。我々の人生観世界観はそれ自身に独特な物の見方考へ方、それ自身の論理を有たないであらうか。それは多くの人の考へる如く単に情と云ふ如きものであらうか。私も日本文化が情の文化であると云ふ如きことを否定するものではない。私は日本文化をリズミカルなどと云つた。併し我々は物の真実に行くことによつて、真に創造的であり、真に生きるのである。我々は我々の生活の底から、かゝる我々の生き方を論理的に把握せなければならない。[1]

（傍点引用者）

西田は日本文化の「情的」「リズミカル」な性格を一往踏まえつつも、同時に人と物との関わり方に視点をおき、東西文化の比較を行おうとする。そして西田が強調するのは、物の論理を「生活の底から」見ることであった。彼は言う、

論理はいつも客観的対象の論理でなければならないと云ふものもあらう。併し我々の自己と云ふものも歴史的世界に於ての事物である。……而して物と云ふのも、実は歴史的世界に於ての事物に外ならない。[2]

西田がここで言う「歴史的世界」というのは、昭和九年（一九三四）に『思想』に掲載された論文「現実の世界の論理的構造」の冒頭では「我々が之に於て生れ之に於て働き之に於て死にゆく世界」を意味していた。[3]ところが、こうした世界は彼の処女作『善の研究』では「純粋経験の世界」にあたる。昭和一一年（一九三六）、西田は本書の「版を新にするに当つて」のなかで、純粋経験の世界とか云ったものをやがて「歴史的実在の世界」と考えるようになり、さらに「行為的直観の世界」、「ポイエシスの世界」と呼ぶに至ったことを振り返りながら、次のような例を挙げている。

フェヒネルは或朝ライプチヒのローゼンタールの腰掛に休らひながら、日麗に花薫り鳥歌ひ蝶舞ふ春の牧場を眺め、色もなく音もなき自然科学的な夜の見方に反して、ありの儘が真である昼の見方に耽つたと自ら云つて居る。私は何の影響によつたかは知らないが、早くから実在は現実そのまゝのものでなければならない、所謂物質の世界といふ如きものは此から考へられたものに過ぎないといふ考を有つてゐた。まだ高等学校の学生であつた頃、金沢の街を歩きながら、夢みる如くかゝる考に耽つたことが今も思ひ出される。(4)

つまり西田にあって、真の実在の世界というのは、自然科学的、実証科学的見方以前の、生き生きとしたありのままの世界であり、そこに物との真の出会いがあることになる。彼は、そうした世界を、やがて「行為的直観」の世界として捉え返す。つまり行為において物を見る立場である。それは西洋近代の主知主義の立場が認識主観とその対象との分離を意識によって媒介しようとしたように、行為の主体とその対象の分離を前提にしたうえで、身体的道具的労働的行為によって両者を媒介し、主客の統一をはかるということではない。そういう立場は、自己同一的な自我、対象化作用の主体、自己表現の主体としての自我を前提にした議論である。西田が行為によって物を見るというのは、そういうことではない。彼は、昭和九年（一九三四）の論文「弁証法的一般者としての世界」の中で、次のように語る。

物が絶対に我々の自己を離れたもの、我々の自己の外にあるものならば、我々は物を見るといふことはできない。之に反し単に物が我々の自己の内にあるものならば、又我々は物を見るといふことはない。故に我々が現実の底に深く我々を越えたもの、超越的なるものを見ると考へれば考へる程、我々の深い自覚と考へられるものが成立するのである。行為によって物を見ると考へられるのは、之によるのである。我々が超越的なるものに接するといふことは物を離れるといふことではなく、深く物に入ることである。(5)

西田は、物をめぐる客観主義と主観主義の二つの立場を共に成立させる弁証法的一般者の世界を構築してきた。それは西田の用語でいえば、表現的な物の世界である。「行為的自己に対立するものは単なる意識の世界でもなく、単なる物質の世界でもない。表現的なる物でなければならない。(6)」この表現的な物の世界は、「実に無限の縁《えん》暈《うん》を有つのである。(7)」したがって「物」というのもそうした表現的世界に於いて出会う具体的事物を意味していた。

ところで、本稿冒頭の引用文に戻るが、そこで唐突に言われる「物の真実に行く」とはどういうことなのか。西田は『日本文化の問題』の冒頭で学問的精神は「公明正大」なものでなければならず、その公明正大ということの意味を本居宣長(一七三〇—一八〇一)の『古事記伝』の中の「直毘霊」の一節、「其はたゞ物にゆく道こそ有りけれ」という言葉を取り上げて、それは「直に物の真実にゆくといふ意に解すべきであらう」と説明する。

物の真実に行くと云ふことは、……科学的精神と云ふものも含まれてゐなければならない。それは己を空くして物の真実に従ふことでなければならない。……物の真実に徹することは、何処までも己を尽くすことでなければならない。(8)

要するに「物の真実に行く」とは、あらゆる主観的臆見や先入見を排去し、「己を空くして」物を物に即して見ること、どこまでも物の実相を徹見する姿勢をいい、それこそが本来の科学的精神なのだと主張するのである。科学的精神について彼はまたこうも述べる。

それは何処までも物となつて見、物となつて働くといふことがなければならない。自己が客観に照らされると云ふことがなければならない。そこには何処までも科学的精神と云ふものが含まれてゐなければならない。……我々が物の中に入つて物の中から物を見ると云ふことである。(9)（傍点引用者）

「物の真実に行く」という表現が、ここでは「物となって見、物となって働く」とも、「物の中に入って物の中から物を見る」とも言われる。そしてこの姿勢こそが「創造的」であり、「自己が客観に照らされる」とも表現される。西田にはまた「物来たりて我を照らす」という言葉もあるが、それは物を思考する主観の向こう側に立てて、物を客観的・対象的に見ることでないことは明らかであろう。西田がこう表明するとき、たとえば「松のことは松に習へ、竹のことは竹に習へ、と師（芭蕉）の詞《ことば》のありしも、私意を離れよ、といふことなり。」（括弧は引用者）「習へといふは、物に入りて、その微の顕れて、情感ずるや句となるところなり」という『三冊子』（服部土芳）に記された松尾芭蕉（一六四四―一六九四）の言葉が彼の脳裏にあったかどうか、それは定かではないが、ともかくこういう姿勢に科学的精神の本領を見ようとする。西田のこうした「物」をめぐる思索には宋学的伝統がはっきり見て取れるのであり、それは一言でいえば朱子学が学問的姿勢として強調する「格物窮理」の精神にほかならない。

朱子学では、「一草一木一昆虫の微に至るまで、各亦理有り《おのおのまた》」（『朱子語類』巻十五）と言われるような、物に内在する理を究明することも同時に説かれる。それは「物を以って物を観る」、すなわち主観―客観の二項対立的思考ではなく、物を対象的に捉える主観的見方が介入する以前の、いわば事物そのものの本質を直観して、宇宙の生命（誠）と合一することであり、そしてまたそうすることによって自己の本性（明徳）も顕現することになる。これがいわゆる「窮理」であり、『大学』が説く「格物致知」にほかならない。朱熹は次のように言う。

いはゆる致知は格物に在りとは、吾の知を致さんときは物に即きて其の理を窮むるに在ると言う。蓋し人心の霊なる知有らざるなし。而して天下の物理《もの》有らざるなし。惟《ただ》理に於て未だ窮めざる有り、故に其の知尽さざる有るなり。是を以て大学の始教は必ず学者をして凡そ天下の物に即きて、其の己知の理に因りて益々これを窮め、以て其の極に至るを求めしむ。（『大学補伝』）

松尾芭蕉の『笈の小文』の冒頭に「西行の和歌における、宗祇の連歌における、雪舟の繪における、利休が茶における、その貫道する物は一なり。しかも風雅におけるもの、造化に随ひて四時を友とす。見るところ、花にあらずといふことなし。思ふところ、月にあらずといふことなし。……造化に随ひ、造化にかへれ、となり。」という有名な言葉があるが、尾形仂の指摘によれば[10]、ここに言う「貫道するものは一なり」とか「造化に随ひて四時を友とす」とか「造化に随ひ造化にかへれ」といった考えは確かに老荘思想を媒介にして表明されたものだが、氏によれば、当時の宋学は中世五山の禅僧の手によってわが国にもたらされ、それ以来、『荘子』も前代の郭之玄《かくしげん》註に代わって宋代の学者林希逸《りんきいつ》註『老子・荘子鬳齋《けんさい》口義』、いわゆる「林註」が近世の知識人の間では愛読されたようである。それは宋学的立場から老荘を解釈したものであり、わが国では室町時代に五山の禅僧の間で読まれ、近世初期の思想界をリードした林羅山により広まった。羅山が林註を支持したことで林註は江湖に迎えられ、季吟も林註を読み、談林俳人はもちろん、芭蕉もこの林註で『荘子』を読んだという。したがって芭蕉の先の言葉もそうした観点から理解されなければならない。

「造化」とは宋学のいわゆる「気」、すなわち「無極而太極」たる「理」が自らを展開させて万有を生成する自然の、おのずからなる根源的創造力にほかならない。このように天地自然の生成化育をささえる万古不易の恒常的原理が「理」であり、その本体が「誠」である。それは「気」となって陰陽に分かれ、更に分かれて五行となっていく。このように太極の理は自ら展開していって宇宙に存在する万物・人倫に内在していくのであり、この考えこそ「理一分殊」にほかならない。俳諧の本質を「不易・流行・風雅の誠」として捉える蕉風俳諧特有の俳論は、まさにこうした宋学の「理一分殊」の発想に由来するものである。したがって「造化に随ひて四時を友とす」とはただ単に自然に親しみ、四季の推移を満喫するといった常識的意味にとどまるものではなく、宇宙生成の根源的な創造力と一体となることを説くものなのである。それは「其心中ニ万物ノ理ヲソナヘテ、天地ノ気ヲソノ気トシ、天地ノ心ヲ其心トシテ、道理ト心ト一ツニシテカハリナキ[11]」本心を明らかにすることを唱えた林羅山（『三徳抄』）の考えにも通じるものである。

さらに敷衍して言えば、先に引用した服部土芳の著した芭蕉の俳諧論『三冊子』の言葉、「松のことは松に習へ、竹のことは竹に習へ、と師の詞《ことば》のありしも、私意を離れよ、といふことなり。」「習へといふは、物に入りて、その微の顕れて、情感ずるや、句となるところなり。たとへ物あらはにいひ出でても、その物より自然に出づる情にあらざれば、物とわれ二つになりて、その情、誠に至らず。私意のなす作意なり」という表現も、宋学的発想から開陳されたものなのである。すなわち士芳がここで「私意を離れよ」と言うのは、私欲を去ることに努める「居敬」の姿勢に対応する考えであり、松や竹に「習へ」ということの本義として説いている背景には、万物のなかに内在している宇宙の根源の理を直観的に把握し、その本体である「誠」と合一しようとする〈格物窮理〉の考えがその根底にあることは論を俟たない。

一―二　「格物窮理」の概念の変容――直観知から帰納法的思考へ

ところが、朱子学においては本来、今述べたような〈直観知〉を意味していた「格物致知」の理念が、時代の変遷とともに変容していくのである。それは明・清の時代になると、実証科学的な方法理念となっていく。日本の場合はどうか。朱子学が説く「格物窮理」の精神は、確かに一面においては合理的、実証的な側面があり、その成果として、例えば、貝原益軒（一六三〇―一七一四）の「本草学」（『大和本草』）や、宮崎安貞（一六二三―一六九七）による農学研究（『農学全書』）の動力となり、江戸中期以降は、山片蟠桃（一七四八―一八二一）、佐久間象山（一八一一―一八六四）に見られるように西洋の自然科学受容の母胎となった。

しかし、ここでとくに留意したいのは、次のような歴史的事実である。天保八年（一八三七）、アメリカの商船モリソン号が、日本漂流者の送還と日本との貿易開始を交渉するために来航した際、幕府は先に定めていた外国船に対する「異国船打払令（無二念打払令）」に基づき、これを撃退する事件、いわゆるモリソン号事件が起こった。翌天保九年（一八三八）、渡辺崋山（一七九三―一八四一）は『慎機論』を、高野長英（一八〇四―一八五〇）は『戊戌《ぼじゅつ》夢物語』を書いて、幕府の鎖国政策を批判した。注目すべきは、彼らが新しい文明観・学問観に基づいて幕政批判をしていることである。崋山は西洋諸国が今日世界の大半を制覇するほどに富強に達しており、これを日本が武力で追い払おうとするのは不可能であって、これに対抗して日本の独立を保つためには、西洋文明に学んで、国力の充実を図る以外にない、と説く。崋山によれば西洋諸国が今日の富強に達したのは、近代における「物理の学」の進歩によるものだが、この進歩を生み出したのは、「格物窮理（合理的討究）」の精神であると述べ、この精神が自然界の事物だけではなく、人事万般の見方、取り扱い方にも貫かれていることを指摘する。つまり彼によれば西洋近代の合理的精神こそ、西洋諸国の今日の富強をもたらした原動力であるから、これによってこれまでの日本における学問、思想、教育、社会などのあり方を根本的に改革する必要がある、と説く（『外国事情書』[12]）。これに対して本業が医者である高野長英は、西洋近代医学の移植に努めるとともに、科学者の観点から、崋山のいう「格物窮理」の精神を探っている。一八三五年から三六年にかけて執筆された『聞見漫録』と題するメモ帳のなかの「西洋学師ノ説」の中で、彼はタレス、ピタゴラスからライプニッツ、ヴォルフにいたるまでの自然哲学の発展を簡略に要約し、近代の諸科学が古代や中世の諸学とは違って、デカルトやベーコンに始まる実証主義、合理主義の哲学に基づくものであることを明確に把握し、古代・中世の学問は「形以上ノ学ヲ原トシ、形以下ノ学モ此ヨリ岐分《きぶん》スル故ニヤ、蒙然トシテ分明ナラザル」ものであったが、近代にいたり、「実測ノ学、次第ニ行ハレ来ルニ由テ、遂ニ旧説ヲ廃シ、新説ニ従テ、右形以下学ヲ以テ、人ノ所務トシ、此ヨリシテ形以上ニ至ルノ学風トナリタリナリ」と述べている[13]。彼は朱子学の「格物窮理」という観念を、いわゆる帰納法的な方法概念へと変容し拡大することによって、西洋近代の科学技術をそのなかに組み入れようと努めている。

高野長英が明確に理解したように、近代は自然の解読というデカルト（一五九六―一六五〇）やニュートン（一六四二／四三―一七二七）の科学革命に始まり、自然を対象化し、論理でもって数値化・法則化してこれを征服しようとする。F・ベーコン（一五六一―一六二六）は『ノヴム・オルガヌム（Novum Organum）』のなかで、

「知は力なり（Scientia est potentia）」と標榜し、「自然は服従することによって支配される（Natura parendo vincitur）」という副題が示すように、自然に対して従順な姿勢を取ることによって自然の法則をつかみ、それを人類のために役立てることを学問の課題としたのである。[14] こうした客観的・機械的自然の発見と同時に、それと相即するかたちで見出された認識主体は、人間的価値の自覚、また普遍的自我ないし理性的精神の発見でもあった。つまり主観と客観を峻別し、外界の法則は認識主観によって構成されるとする思考様式、カントのいわゆる「コペルニクス的転回（Kopernikanische Wendung）」である。こうした過程は、まさしく「人間中心主義（anthropocentricism）」への道のりである。近代の技術革命を生み出した西欧近代の「知」は、自己を取り巻く自然と人間社会を理性法則に従って機械化・効率化し組織化していく。

二　西欧的思考の特質

二―一　ギリシア的思惟から近代的思考へ

ところで、西欧的知性の特質は、物に対して距離を置いて観察する〈分離的思考〉であった。その淵源は古代ギリシアにまで遡る。ギリシア人が世界に対して持っていた精神的態度は、とりわけギリシア語の一語がそれを的確に表現している。それは「アレーテイア（ἀλήθεια）」という語である。通常は「真理」と翻訳されていることの語は、「隠れていないこと」、「覆われていないこと」を意味する。ギリシア人にとって真理とは物事の嘘偽りのないありのままの公開性、隠蔽性の排除なのであって、すべてを「光のもとに」もたらし、顕わならしめようとする気質が彼らの意識にはあり、この傾向はすでにこの「アレーテイア」という語のなかに含意されている。「隠れていないこと」という語に含まれる精神、言い換えれば未知の隠れた部分を取り除き、すべてを隈なく「見よう」とする意志、それが「テオーリア（θεωρία）」としての「観ること」であった。プラトンのいわゆる「イデア（ἰδέα）」も、それは万物に〈かたち〉を与えるものであり、諸物の〈かたち〉の原型は、聞いたり触れたりできるものではなく、「見えている姿」を意味する。イデアを観ること、直観すること、それを意味するギリシア語が先に触れた「テオーリア」である。「セオリー（theory）」とはもともと眺めることを意味する。「テオーリア（θεωρία）」のラテン語訳は contemplatio すなわち「観想」である。

要するに、ギリシア人の理解するところでは、すべての存在するものは、なにか目に見えるものなのであって、「見る」とはすなわち光のなかで自己示現してくるものに対して意識を向けることであった。ところが、見ることができるためには、見るものと見られるものとの間に光が射し込む開けた〈空間〉が必要であろう。視覚とその対象との間の間隔があまりに狭ければ、何も見ることはできない。したがって、物が現れるためには、〈距離〉が必要なのである。[15]

西欧の近代哲学も同様で、やはり「分離的思考」であることに変わりはない。先述したように、人間と自然との間の分離こそ近代を特徴づけるものであり、ここに近世における「科学」の成立があり、近世以降の世界は科学技術の文明によって最も特色づけられる。

M・ハイデガー（一八八九―一九七六）によれば、科学的思考はすべての存在物を客体的対象として捉え、その客観的世界の根拠を追究しつつ認識主体としての自己自身の内にこれを奪回する〈理性の根拠付け〉の操作である。そしてこの理性の根拠付けは「表象作用」（Vorstellung, repraesentatio）という学問姿勢によって貫徹されている。この「表象作用」なる語は一面では、認識主体としての人間が存在物を客体的対象として自己の前に、自己の彼方の側に立てる「前—立作用」（Vor-stellung）を謂う。そして他面、この前—立作用という有り方に於いて同時に、存在物を自己自身の方に、此方の側に向けて立て、意識の内に意志的に引き入れ、自己の意識に映して現前させる「再—現前作用」（re-praesentatio）を意味する。

そして我々がここで注目しなければならないのは、総じて科学に於いて認識主体としての人間によって主体の前に客体的対象として前立され、主体の理性によって根拠付けられた〈もの〉は、事象の真実の姿として端的に現前するものではなく、意識の場面に映し出され屈折して再—現前されたものでしかない、という事態である。つまり科学が関わる存在物は〈客体的対象〉であり、それは主体の意識の場面に再—現前されたものにすぎず、それは端的如実に、おのずからあるがままに存在するものではない、ということである。科学の立場では、人間を含む天地自然の一切の存在物は、その本来の在り方を剥奪されその根源性を覆い隠されてしまう。それらは主体としての人間の前に立てられた客体として、人間の能動的な理性がその計算的思惟によって支配すべき受動的な死せる物質もしくは素材もしくは「質料」に成り下がる。(16)

二—二　科学技術時代の思考様式

近代の技術革命を生み出した西欧近代の「知」は、自己を取り巻く自然と人間社会を理性法則に従って機械化・効率化し組織化していく。敷衍して言えば、自然に働きかけ、これに労働を加えることによって価値を引き出し、これを資本として再生産し、商品化し流通し利潤を得て資本主義社会が形成されていく。

かくして近代は自然と人間社会を機械化・効率化し組織化していくのだが、それに伴って我々自身の精神を蝕んでいくことになり、我々の〈生活世界〉に根差した生の実感というものがますます喪失していくのは誰の目にも明らかである。

ハイデガーは重要な示唆を与えている。彼は、一九五三年の講演「技術への問い（Die Frage nach der Technik）」の中で、現代の科学技術時代の本質を「総かり立て体制（Ge-stell）」の時代、すなわちすべての存在者を対象化するだけに止まらず、更に人間のために用立てる対象、つまり「用象（Bestand）」とみなし、有用性のカテゴリーでものを捉えるべく人間を挑発する時代として解釈した[17]。

彼は「技術（Technik）」という語を、物を対象化し操作可能な道具としてみなす「知」の有り方と捉えている。それは現代社会に於いては「動員（Mobilisierung）」という形で私たちの注意を引くものとなる。要するにGe-stell（ゲシュテル）とは、見えない力で我々を追いたて、駆り立て、徴用する強制的な仕組みなのである。このGe-stellという、いわば総動員的な盲目的意志こそが、大量生産・大量消費・大量廃棄を繰り返し、環境破壊につながっていることは誰の目にも明らかであろう。

因みに、W・ハイゼンベルク（一九〇一―一九七六）も同じ危惧を抱いていた。彼は『現代物理学の自然像[18]』のなかで、『荘子』の「槹（はねつるべ）」の説話（天地篇第十二）を挙げている。子貢が旅の途中、せっせと畑仕事をしている老人を見かけた。老人は井戸の中に入って水甕を抱えて出てくるとその水を畑にかけている。労多くして功少ない作業を見るに見かねた子貢は、「槹（はねつるべ）」という機械を使用することを勧める。ところがその老人は、その助言を拒否する。老人が言うには、機械を使用する者は機械的に仕事をし、機械的に仕事をする者は機械的な心を持つことになって、その結果、道と通じる純朴さは失われていく、というわけである。

ハイゼンベルク自身、科学技術の世界に生きる我々は自分たちが構築した世界のうちに取り込んだかたちでしか、自己自身や事物と出会うことができず、ここに今日の危険がある、と述べている。

三　〈知〉の世界における東西の交流——方以智の自然観

さて、話を戻すが、留意したいのは、「格物致知」を西欧的な実証科学の帰納的方法と同じように理解させる時代的変容と本来の意味の逸脱の歴史が日本のみならず中国の側にもあったという事実である。先述したように、中国に於いても、明清期の学者たちは、実証科学を格物窮理・格物致知の名で呼び、朱子学的思惟が実証科学的思考の受け皿になったと指摘されてもいる。このように、自然を対象的に観察しようとする学問姿勢は、もっぱら西欧近代化の流れにあることは確かである。

ここで紹介したいのは、方以智（一六一一―一六七一）である。以下では、方以智についての坂出祥伸の諸論稿に基づいて論じていきたい(19)。彼の生きた時代、すなわち一六世紀後半から一七世紀にかけて、イエズス会宣教師たちが続々と中国に渡って布教活動を行なったが、あわせてヨーロッパの科学技術をもたらしたので、中国の思想家たちは、大きな衝撃を受けた。唯一神・造物主（デウス）がこの世界を秩序整然と法則性をもって創造したのだとするヨーロッパ中世の自然学や神学、そしてコペルニクスやガリレーらによって次第に形成されつつあった近代的な力学的自然観を背景に教育を受けたイエズス会士たちが、はるか何万キロの海洋を渡って中国に到着したのである。宣教師たちもまた、中国知識人の思考の根柢にある「気」のパラダイムの堅固さにたじろぎ、対決をためらわざるをえなかった。イエズス会士が伝えようとしたキリスト教の天地創造に基づく宇宙観に対応する中国の世界観・自然観は、「気」という不可視な微粒物質が絶え間なく自己運動することによって、人間をも含んだ万物が自ずから生々される、とするものであった。方以智を代表とするグループも、「気」の哲学の立場から伝統的自然学の再構築を試みようとした。

さて、青年時代の以智は、当時中国に来ていたジェスイット宣教師たちがもたらした西洋の学問に深い関心を寄せていた。彼は自らの性格について、「不肖・以智は窮理極物の僻《へき》あり」(『物理小識』巻五．以下、『小識』と略称)と評しているように、若いころから「物理」に対する興味と探求心の旺盛な人物であった。その探求の目は深遠で徹底しており、一種の懐疑主義的態度といってよい、と坂出は語る。

彼はまず、個々の事物にそれを存在させている法則があると主張し、それを「物則」と呼んでいる。「物には則あり(詩経の語)、空も亦た則あり、費を以て隠を知る(中庸の語)、絲毫《しごう》も爽《たが》わず。その則や、理の徴《あき》らかにすべきものなり、而して神はその中に在り」(『小識』巻一)。たとえ「空」であっても、そこには気が充満しているので、やはり「物」であり、「則」によって規定されている。この「物則」は、さらに高次元の法則性である「理」を探求する場合のよりどころとなる。では、「物則」はいかにして認識できるか。「物にはその故あり、実にこれを考究す、大にしては元会、小にしては草木蠢蠕《しゅんだ》、その性情を類し、その好悪を徴《あき》らかにし、その常変を推す、これを質則という」(『小識』自序)。すなわち、大量の個別的事象について観察、測量、実験などを行い、そのような現象的記述のうえにさらに、「その然る所以《ゆえん》」を推測するのであり、このような一連の操作を「質則」と呼んでいる。それはいわば帰納法的な認識といえよう。

このような「質則」の対象となるものを、彼は『物理小識』十二巻という著作で、十五類に分けて論じている。

天類、暦類、風雷雨暘《よう》類、地類、占候類、人身類、医薬類、飲食類、衣服類、金石類、器用類、草木類、鳥獣類、鬼神方術類、異事類がそれである。

ところで、個別的事物の法則性を探求するという点では、朱熹（一一三〇—一二〇〇）の「格物致知」も同じ立場だが、方以智が朱熹と異なるのは、第一に、追求すべき「理」を、朱熹ははじめから倫理的政治的価値と不離一体のものとして捉えているのに対して、方以智は、一義的には物自体の理（物則）を追求するのであり、いわゆる「性命の理」には論及しない。第二には、朱熹の説く「格物致知」は、個別的事物についての「理」を枚挙的に累積したのち、やがてある時点で、飛躍的直観的に「豁然《かつぜん》貫通」して宇宙全体の理に到達するというものだが、方以智は個別的事物の探求方法である「質則」の限界を超えた対象については、「通幾」の方法によるものとして、両者を相補的なものと捉えている。

方以智はこの存在世界を、気一元論の立場から理解する。「一切の物は気の為すところなり。空も皆気の実するところなり」（『小識』巻一）。万物のみならず、空虚だと考えられている部分もすべて気が充満し、その気の運動変化によって万物が生成される。「虚は固《もと》より是れ気、実形も亦た気の凝成せる者なり。直《た》だ是れ一気にして両行（水火）交《こも》ごも済《な》すのみ。（中略）気は凝《こ》りて形と為り、蘊発《うんはつ》して光となり、竅激《きょうげき》して声と為る、皆気なり」（同前）。「本《もと》一気なり、而して自《おのずか》ら陰陽と為《な》り、分れて二気と為りて各《おの》々陰陽を具《そな》う」（同前）。

また方以智の気一元論を特徴づけているのは、火一元論的側面である。「天恆《つね》に動く、人の生も亦た恆《つね》に動く、皆火の為なり」（『小識』巻一）。「天道は陽気を以て主と為す、人身も亦た陽気を以て主と為す、陽は陰陽を繞《めぐ》り、火は水火を運《めぐ》るなり。生まるるには火を以てし、死するには火を以てし、病は火より生じ、而して身を養う者も亦た此の火なり」（同前）。

質則の方法が対象としているのは、気（火）の運動によって形成される個別的事象である。それによって得られるのは「物則」のレベルにとどまる。「物則」は、物とともに多様であり万殊であるから、いまだ「物に惑わされる」（『小識』巻一）。そこで、より高いレベルの法則性である「物為る所以の至理」（『通雅』巻首之三、文章薪火）あるいは、「物を物とし神を神とするの深幾」（『小識』自序）に到達することによって、はじめて世界が一元的体系的に把握されるとした。その方法が「通幾」と呼ばれるが、これはもはや分析的認識ではない。分析的認識を超えた「物を物とし神を神とする」不可知な世界について彼は、「各々相知らずして、しかも各々互いに相応ずる」という相依相属の関係、つまり「感応」的関係があるとし、それを把握するには、心によるしかない、と言う。「天地は一物なり、心は一物なり、惟だ心のみ能く天地万物に通じ、その原を知り、即ちその性を尽くす」（『小識』総論）。

ところで、天地万物の運動変化は「気幾」（気の動静の端幾）によって示されるのであるが、それを知るには心によるしかない。しかも、心もまた物であるから、その動静に端幾がそなわる。これによって「物為る所以の至理」が把握できるという。これは換言すれば、人間をも含めた世界全体《マクロコスモス》（天地万物）を貫く法則としての「理」は、小宇宙《ミクロコスモス》としての人の心と万物とが完全に合一したときに把握できるとされるのである。これはいわゆる物心一如の境地にほかならない。

方以智は、当時ジェスイット宣教師が伝えた西欧の学問について、「質則に詳《つまび》らかにして通幾に拙なり」（『小識』自序）と評したが、それは西洋の自然哲学が、世界の存在因を神の創造によって説明し、自然そのものの運動変化によって論じていない点を批判したものと思われる。

四 〈自然〉ということ、〈自然〉というもの

さて、次に、「天地自然」と言われる場合の、いわゆる「自然」について考えてみたい。今日意味されている「自然」という語の根源を求めるならば、ギリシア語の"φύσις"(ピュシス)にたどり着く。それがラテン語訳されて"natura"となり、それがさらにnatureなどのヨーロッパ諸語の起源となった。ところで、ギリシア語の"φύσις"という語の本来の意味は「生みだされる」「生長する」「生成して、かくかくの状態にある」ということ、つまり「誕生」「生長」「生成」であった。そしてもう一つの重要な原義は事物のもつ「本性」「性質」「性状」、つまり実体的本質を意味していた。例えば、チューリップが球根から生長して、やがて一つのチューリップとなるが、その生長してゆくプロセス全体がピュシスであると同時に、その生長プロセスの時間的経過を貫いて、それがどこまでも、他ならぬチューリップで「ある」ことに変わりはない。まさにチューリップがチューリプに他ならないことがそのチューリップのピュシスなのである。しかしながら、いわゆる「自然」という語にはそうした「本質」といった意味は含まれていない。要するにnatureと「自然」とは必ずしも一致しないのである。中国語の「自然」の本来の意味は「おのずからなる状態」を指し、「他者の作為や力によるのではなく、それ自身のうちにある働きによって、そうなること」を原義としている[20]。

因みに、文禄四年(一五九五)に上梓された『羅葡日《らほにち》対訳辞書』[21]を繙いてみると、"natura"は日本語では"Monono xŏ"(「ものの性《しょう》」)と訳されている。これはキリシタン時代、すなわちデカルト、カント以前の「スコラ哲学」の時代におけるラテン語と日本語の出会いの一例として非常に興味深い。それは、古代ギリシア語の

"φύσις" の原義、すなわち上述した、物をその物としてそうあらしめている物の「本質」の意味に近いものとしてnaturaというラテン語が当時理解されており、それを当時の日本人がそのまま受容していたことを意味する。それは今日、我々が「自然」という語で理解している「おのずからあるもの、あるがままにあるもの」といったニュアンスとは異なる。更に言えば、近世・近代的自然観では、自然物を〈対象化〉して認識することだが、同じ辞書（五〇四頁）によれば、"objectus" の項には、第一義として "Mucŏni aru coto"（「向こうにあること」）が挙げられ、第二義として "Cocoroni qizasu coto"（「心にきざすこと」）が挙げられている。これもデカルト、カント以前の「スコラ哲学」の用法を写す事例として大変興味深い。すなわち「向こうにあるもの」は自己の外において「向こうにあるもの」であるとともに、自己の中で自己に対して「こころ」に写る「心象事象」である。これを「主観的なもの（subjektiv）」としたのはカントであった。

そして、日本において、いわゆる「自然」という語がnatureと等置され、名詞として捉えられるのは、蘭学の移入によってであった。[22] 寛政八年（一七九六）、稲村三伯《さんぱく》（一七五八―一八一一）が日本最初の蘭日辞書『波留麻《はるま》和解《わげ》』を編纂したのだが、オランダ語のnatuurに、はじめて「自然」という訳語を当てた。『波留麻和解』とはオランダ人フランソワ・ハルマ（F. Halma）が著した蘭仏辞書をもとに、稲村が蘭日辞書に翻訳したものである。彼がnatuurに「自然」という名詞を用いた理由は、「天地自然」という表現がすでにあって、この「天地のおのずからなる」という形容詞的意味を、「天地」＝「自然」のように読み替えて、natuurに「自然」という名詞を当てたのか、あるいは、もう少し語義的に言って、natuurのもとをなすラテン語のnaturaは「生まれる」という原義から「おのずと生ずるもの」「おのずともっている性質」などを意味しているが、これと「自《おのずか》ら然《しか》る」を意味しうる日本語の「自然」との語義の共通性を直感したのかもしれない。[23]

以上のことからわかることは、natuurの訳語として名詞の「自然」は日本語としては元来なじまないものであったことである。つまり「自然」はあくまでも本来、「自然（じねん）」として「おのずからなる」とか「おのずと」といった形容詞・副詞としてのみ用いられてきたからである。日本人にとって自然は、自己の外側に〈対象〉として捉える見方ではなく、自らがそこに於いて生き、生活し、死んではそこへと帰ってゆくような、西田の先の言葉で言えば「歴史的世界」の、大いなるいのちの営みなのであり、したがって自然物とは、ただ、そうした世界の中の自ずから在るがままの〈もの〉、自ずから成り出でてきた〈もの〉であった。そこには、いささかも「ものの本質・本性」といった実体的概念は含まれていなかった。

かくして、日本における「自然」という言葉の変遷をたどるならば、次のようになろう。中国語の「自然」という漢字は、まず、「オノズカラ」と訓じられ、この意味で受け入れられた。それが「じねん」や「しぜん」と呉音や漢音で読まれた後も、おおかたこの意味を保持しており、形容詞・副詞として用いられた。それにしても日本人は伝統的にこの「おのづから」という存在カテゴリーを基礎にした感受性をもつ民族であった。仏教や儒教を受容するに当たっても、本家の中国のそれに比べて、「自然」（じねん）や「自然」（しぜん）はかなり重要な役割を果たしている。このことは特に親鸞や安藤昌益の場合について言える。親鸞の最晩年の書簡集『末燈鈔』では、彼の絶対他力の信仰を「自然法爾《じねんほうに》」と捉えていた。彼は言う「自然《じねん》といふは、自《じ》はをのづからといふ、行者のはからひにあらず、然《ねん》といふはしからしむといふことばなり。しからしむといふは、行者のはからひにあらず、如来のちかひにてあるがゆへに法爾《ほうに》といふ。[24]」他方、安藤昌益は「自然」を「ヒトリスル」と訓んだ。これは、親鸞の場合とかなり隔たりがあるように見えるかもしれない。「ヒトリスル」は「自《おのずか》ら然《しか》る」より「自《みずか》ら然《しか》る」と訓むのに近いと言えるが、この「自《おのずか》ら」と「自《みずか》ら」は、それほど離れた違いはない。「自」は「自分」を意味するが、同時に「より、から」の訓があるように、ものごとの「はじまり」、「自発性の根源」を意味し、それが自分の側であれば「みづから」（身つから）となり、それを対象の側に移せば「おのづから」（己つから）になる。「おのづから」も「己つから」であり、対象の側に立って、その対象が「自分から」「己つから」ある事をなしとげてゆくことを意味するとすれば、それは対象の側の「みづから」（身つから）なのである。つまり行為者の立場に立って「自分から」の意味で「みづから」というか、対象の側に立って「おのづから」というかの相違にすぎず、両者の根本的な意味は合致する。「おのづから」というのは、「成り行き任せ」ということではなく、対象の側に、ある種の積極的・主体的な働きがあるとみなされよう。親鸞の場合は弥陀の誓願がこれであるし、昌益の場合は、「ヒトリスル」主体的な自然の働きも、我々がそれを観るならば、「自《おのずか》ら然《しか》る」のである。[25]

　ともあれ、日本伝来の「自然」が、ヨーロッパ出自のnatureの意味と重なることについては、蘭学以降長い時間を要したのである。我々が今日当たり前のように用いているnatureの意味での「自然」、山川草木・森羅万象を意味する「自然」は、明治二〇年代に始まり、三〇年代の初頭にようやく定着した。それまでは、「天地」、「山水」、「万有」、「造化」、「森羅万象」といった語が使用されていた。この間、日本伝来の「おのづから」としての「自然」とnatureの訳語としての「自然」との間には、ある種の摩擦葛藤が生じ、意味の誤解や混乱を引き起こしたこともまれではなかった。要するに、日本語の「自然」という言葉が、「本質・本性」という意味を含むnatureとは異なった思想の系譜を担っており、それぞれ別の歴史的な由来をもつからにほかならない。「自然」という日本語の意味を解剖するためには、一種の比較思想的追及が必要であろう。

五　「幽《かみ》」の世界

さて、磯部忠正は、日本人がもつ感受性の特質を、次のような言い方でまとめている。

いつの間にか日本人は、人間をも含めて動いている自然のいのちのリズムとでも言うべき流れに身をまかせる、一種の「こつ」を心得るようになった。己の力や意志をも包んで、すべて興るのも亡びるのも、生きるのも死ぬるのも、この大きなリズムの一節であるという、無常観を基礎とした諦念である。(26)

日本人にとって「自然」はいわば、そこに生まれ、そこで育ち働き、そこへと死にゆく「ふるさと」であって、それは私たちのいのちの源・拠所・帰るべきところにほかならない。私たちが育った街々、野や山や、川や海、また心の中にある多くの人たちや事柄の一切が、私たちを根底で支えている。「ふるさと」が山、川、里、海といった個々に切り離された場所にあるのではなく、一つの全体としてある自然であり、〈いのちの繋がり〉であろう。それは海や空や川や森など、自分を取り巻く森羅万象に対してかつて開かれていた原初的な「民の感覚」にほかならない。海なら海の、野山には野山の精霊がいるような、つまり生きとし生けるものが互いに照応し交感している世界であって、そこでは人間も他の生命とひとつながりの一つの存在に過ぎないのである。一つの民族にはその深層意識に共通して持っている共同的な感性の根があって、いわば各個人は官能の共同的な在り方、官能で捉えられた未分化な世界に生き、生活しているのである。そうした生きとし生けるものの間に交感が存在する世界は、一つの調和的世界であると同時に、魑魅魍魎が跋扈《ばっこ》する世界でもある。そこには憑依《ひょうい》があり、穢れがあり、お祓いが行われる。人間のあらゆる情念が渦巻く世界でもある。それは言うなれば、日常の労働生産を支配する理性的・合理的な「顕」の世界がある一方で、その下部構造をなすような、目には見えない隠れた次元、「幽冥」の次元を含んだ世界でもある。「民の感覚」とはそうしたものであろう。西田幾多郎が、表現的な物の世界は実に無限の縁暈《えんうん》を有つ、と語ったのも、こうした意味を含んでいよう。

思うに、日本人の自然風土に根差した原初的な感覚には、西洋的な意志や行為の主体としての個体、自我意識というよりは、自らが属する村落共同体のなかに溶け込み、いわば無私であることを善しとする在り方があるのではないだろうか。それが「則天去私」であったり、「天真に任せ」たり、弥陀の本願に身を委ねたりするための不可欠の条件とされることが多い。こうした自然の大いなるいのちの流れに身を任すといった姿勢は、我々の祖先がその定住農耕生活の経験のなかで体得したもので、やがて共同体の集団生活を支える「祭り」となって様式化された。大嘗祭や新嘗祭から村の鎮守の秋祭りに至るまで、すべて、この大いなるいのちの流れに個体の生命が包み込まれ、いのちが更新される手続きの象徴であろう。こうした生き方は、他方、死者を弔い、供養し、死者のことを思い、死者の記憶を大切にしながら、いわば他界・冥界と隣り合わせで生活する習俗ともなっている。それは、日常の労働による生産活動や地場産業における合理的、目的志向的な理性の世界、つまり「顕」の次元とは異なる、いわばその底辺に息づいている「冥」の世界であって、それは「幽《かみ》」という概念で理解できるのではないだろうか[27]。そうした「幽《かみ》」の世界に生きる我々が、そこに出会う〈もの〉も、その一つ一つが、勿体なくもかけがえのない〈もの〉となって顕れる。

さて、ヨーロッパの哲学者でありながら、西欧にはない東アジア的思惟と〈もの〉観に深い関心を寄せていた人がいた。M・ハイデガー（一八八九―一九七六）である。自然の風土に根ざしながら、「幽」の世界に生きている私たち人間が、「もの」に対してどのような接し方をしているのか、彼独自の視点から語ってくれる。

六　ハイデガーの〈もの〉観――東アジア的思惟に索めたもの

六―一　ハイデガーの思索の道――『老子』との出会い

彼は「無為自然」を説いた『老子』にいたく関心を寄せていた。一九四六年、ハイデガーは台湾出身の留学生、蕭 欣義《シャオシンイー》と共同で、『老子』のドイツ語訳に着手する。(28) まず最初に道に関する箴言から取りかかったのだが、全部で八十一章あるなかの八つの箴言を手掛けたところで中断してしまった。シャオは『老子』第十五章にある二つの韻文「孰能濁以静之徐清。孰能安以動之徐生。（孰《た》れか能く濁《にご》りて以て之を静めて、徐《おもむ》ろに清《す》むや。孰《た》れか能く安らかにして以て之を動かして、徐《おもむ》ろに生ずるや。）」を二行書きで墨書し、その間に「天道」という言葉を装飾として置いたのだが、それをハイデガーは書斎の壁飾りにしていた。一九四七年一〇月九日付けの短い覚書のなかで、彼が「誰れか能く、静めつつ或る物を存在へもたらし得るか。／天道。」（Wer vermag es, stillend etwas ins Sein zu bringen? / Des Himmels Tao）というように「天道」という言葉を添えたのは、シャオのこの墨書に従ったのである。のちにハイデガーはそれを次のように翻訳する。「誰れか能く静閑に身を持し、静寂さからその静寂さを通して、或る物をそれが現れ出てくるように道の上へもたらす（道－づける）ことをなし得るか。」（Wer kann still sein und aus der Stille durch sie auf den Weg bringen（bewegen）etwas so, daß es zum

Erscheinen kommt?)[29]

かくして、ハイデガーは自らの哲学的思索の着想を『老子』から得ていることが多い。とりわけ「道 Weg」に関する思索は、『老子』と何らかの関係にあることは確かである。しかしハイデガーの『老子』解釈はかなり独特なものであり、『老子』からの影響というよりは、可能性としての『老子』を自らの思索のプロセスにおいて見出していったとみた方がよい。彼は『言葉への途上』のなかで『老子』を引用して、次のように述べている。「もし我々が、〈道〉とかタオという名称を、この名称自身が含む表現し得ざるものの領域へ立ち帰ってゆくに任せるなら、もしこの「任せる」ということを我々が能くなしえたとするなら、ことによるとこの〈道〉とかタオという語のうちには、思索しつつ言うことの秘中の秘が潜んでいるのではないだろうか。……（中略）……すべては道である。」（GA12, S.187）

六―二　ハイデガーの「もの」観

では、思索の道において立ち現れる〈もの〉は、ハイデガーにあって、どのように見られるのか。

農夫靴を例に取ろう。それは農夫にとっては用具であり、日々の農作業における必需品であろう。その用具が役立つ用具としてあるのは、その用途が十全に全うされている場合である。そこには、いわば「目立たなさ」がある。ところが、その用具としての農夫靴が不具合であり、履き心地が悪くなってくると、それは改めてまじまじと対象的に観察されるものとなる。『存在と時間』では、用具の「目立たなさ」における有用なあり方は「手元存在（Zuhandensein）」と名付けられ、対象的に見られた存在は「眼前存在（Vorhandensein）」と名付けられていた。

ところが、農夫の履き慣れたほかならぬこの靴のもつ「目立たなさ」は、単なる有用な用具性には解消できない、言うなれば個々の用具存在の代替不可能な「自足性」が、積極的な性格をもって経験されていることも無視できない。

『芸術作品の根源』の中で、ハイデガーは人間の側に属する手段目的連関にも尽きないような「自らの内に安らう（in sich ruhen）」物をその固有な確固とした存立性において受け取る（GA.5, S.11）ことを試みる。彼は一足の履き古された農夫靴を描いたゴッホの絵を取り上げ、農夫靴から次のようなことを読み取る。「ぽっかりあいた靴の内部の暗い空洞からは、労働の歩みのつらさが睨んでいる。靴のがっしりとした重みの中には、荒々しい風が吹きすさぶ畑の、彼方に広がった単調な畝の上を歩くゆっくりとした歩みの粘り強さが蓄積している。革の上には大地の湿り気と飽和がある」（GA.5, S.19）。我々はゴッホの絵を通して、農夫の靴が大地に属し、農夫の世界の中で守られている（GA.5, S.19）こと、つまり農夫の生きる日常生活や農夫を凌駕する自然の圧倒的な威力という対象化不可能な開けを「集摂する（versammeln）」という一般的な構造をその農夫靴が持っていることを、ゴッホの作品を通して見て取るのである。

この構造はギリシア神殿についてのハイデガーの記述に於いてより明白となる。ギリシア神殿は単に眼前の存在者や用具的存在者としてではなく、まさにギリシア人が礼拝する神殿として「ある」ことの内には、次のことが本質的に属している。すなわち、神殿がギリシア人の「生と死、不幸と祝福、勝利と恥辱、堅忍と衰微」を形態化しつつ、人間に対して自らを「蔵し隠す（bergen）」「大地」の上に神聖な場を開き、区切るということである（GA.5, S.27ff）。

一九四九年一二月に行われたハイデガーのブレーメン講演、「有るといえるものへの観入」は「物」という表題をもつ講演から始まったが、この講演は再度一九五〇年六月にミュンヘンでも行われた。範例的な物として、瓶《かめ》（Krug）が例に挙げられる。瓶は新石器時代の独創的な発明であった。石は火のなかでは割れてしまうが、火に懸けられた陶器はそのままのかたちを保ち、水を沸騰させる。この最初の発明からはるかな道程を経て、ギリシアの花瓶や現代の工芸品にまでなったのである。『杣道《そまみち》』に収載されているリルケ講演「何のための詩人たちか」のなかでハイデガーが明示しているように、リルケは、家、噴水、塔、衣服、外套といった、我々の人生の伴侶として苦楽を共にし、年輪を重ねて生長してきた「物」を、無表情な技術製品、アメリカから入ってきた「見かけだけの生活模造品」「紛《まが》い物」とを対置している（GA5, S.291）。ところで、ハイデガーは『物』講演のなかで、瓶を次のように解釈する。瓶を見る場合に注目しなければならないのは、例えば瓶の〈形〉として受け取られる実在部分（Sein）ではなく、瓶が満たしている「空洞《うろ》（Leere）」であって、いかなる形といえども、この空洞のために役立たねばならないのだ、と（GA7, S.173）。このように瓶をその実在部分からではなく、空洞の部分から見る観方は、まさに『老子』第十一章にある箴言に依拠していることは注意されてよい。老子は瓶のもつ有用性を、ものを満たし容れる空洞のうちに見出している。「埴《つち》を埏《う》ちて以て器《うつわ》を為《つく》る。其の無に当たって、器の用有り。……有の以て利を為すは、無の以て用を為せばなり」と。

さらに続けてハイデガーは次のように語っていく。瓶の瓶たる所以は、飲むべき水や葡萄酒を注ぐことにある。『存在と時間』においても用具が用具としてあるということは、何かのための用途に存していた。瓶もある意味ではそのような用具として人間のための用途と無関係ではない。しかしハイデガーはさらに続けて言う。瓶から注がれる水の中には、泉が宿り、泉の中には、岩々が宿り、岩々の中には、天空の雨と露とを受け入れる大地の黒いまどろみが宿る。『存在と時間』における用具は人間の使用目的へと収束していったのに対して、ここでの瓶はむしろ人間を凌駕する自然への関わりへと我々を開いていく。「瓶の本質において、天空と大地とがしばし宿る（weilen）」（GA7, S.174）。瓶がこのような「自然」の集摂点として出会われている場合、この「物」は、大地や天空とのつながりを無視して、単なる消費のために自然から切り取られた「用象」でないのは言うまでもない。

瓶に保存され、また瓶から注がれる水や葡萄酒は、人間が生きてゆくうえで必要な飲み物である。人間はこの天空と大地からの恵みである飲み物によって渇きを癒され、活気づけられる。こうした自然の営みに包まれて生きる人間は、「死を能くする存在」、言い換えれば死すべき定めを負った存在であり、同時に同じく「死すべき者」としての他者たちに、「よき死あれかし（ein guter Tod sei）」と「付き添う（geleiten）」者である（GA7, S.152）。

そしてそうした人間が居住する空間には、死者の棺の安置されるべき聖なる場所があり、他の人間が「死を能くする者」としての本質的なあり方を達するよう「付き添う」ことが、まさに天空の下、大地の上に住まう人間の居住の本質的な契機となっている。

人間は「死を能くする」ことによって単なる自然の諸事物から己を区別し、それらと己れとを超えた領域へと自らを関わらせる。このような超越によって「神々しきもの」への「待望（erwarten）」が生じる。瓶によって汲まれる飲み物は、祭礼の際には人間がそれを飲むのではなく、神々への捧げものであり、神々の飲み物である。そういう場合にこの瓶は、人間の自己中心的な意図に解消される単なる「用具」としてではなく、ましてや、消費のために消費される「用象」としてではなく、人間を超えた「神々しいもの」へと「死すべき者」を開いていく接点として経験されている。

かくして、この瓶を「注ぎ捧げることの中で、大地と天空、神々しいものと死すべき者とが、同時にしばし宿る」（GA7, S.175）。水と葡萄酒は生きていく上に欠かせないものであり、またそれらを神々に捧げ注ぐことによって世界は聖なる世界となるのである。かくして大地は天空と一つに属し合い、天空は葡萄の房を大地から誘い出すのであり、死すべき人間は聖なるもの、神的なるものから己れを理解するのである。瓶がそうであるように、ひとつの物が、大地と天空、神的なるものと死すべきものをそれらの〈四方界（Geviert）〉のうちへ聚《あつ》め摂《おさ》めているのである。Ding（もの）という語の古い語根thingは、この〈聚《あつ》めるVersammlung〉ということを想起させ、Dingとは「集摂者」を意味するとハイデガーは指摘している（GA7, S.175）。そしてハイデガーは、瓶のこのような「集摂者」としてのあり方を「物（Ding）」と呼ぶのである。

ハイデガーのブレーメン連続講演は、引き続き『総かり立て体制（Ge-stell）』、『危機』、『転回』について行われたが、そこで示されたのは、西洋人が「存在」を飛び越えて諸事物を追いかけまわし、もっぱら実用性のためだけを慮り、科学的諸対象や技術物質を手中に収めるだけならまだしも、人間や神でさえ、何かに役立つものとしてしまうような、そういう危険にどうして押しやられてしまったのか、ということであった（GA79）。

要するに、講演「物」における最も重要な論点の一つは、後期ハイデガーの世界概念が提示されていることであろう。彼はこう語る。「大地と天空、神的なものたちと、死すべき者たちは、おのずから相互に向き合って一になりつつ、一なる四方界という一重襞（Einfalt）にもとづいて共属しあう」（GA7., S.180, GA79, 18）のであって、「我々は、大地と天空、神的なるものと死すべき者たちの一重襞を出来事として性起させる反照—遊戯を、世界と名付ける」（GA7, 181）。「大地とは、水源と岩石、植物と動物をいだきながら、建てつつ担うもの、養いつつ実らせるものである」（GA7, 179）。「天空とは、太陽の運行、月の推移、星々の輝き、一年の時節、昼の陽光と薄明、夜の暗闇と明るさ、天候の恩恵と不順、雲の去来、エーテルの紺碧の深みである」（GA7, 179f）。「神的なものとは、神性の合図する使者であり」（GA7, 180）、「死すべき者たちとは、人間のことである。」（GA7, 180）以上の四者のいずれも他の三者なしには考えられず、それぞれが固有のものを護りながら、同時に他の三者を自分のうちに反映させ、しかも自由に戯れている。四方界とは、このように四者が互いに相即相入した一なる「反照-遊戯（Spiegel-Spiel）」の空間なのである。

ドイツの精神科医V・E・ゲープザッテルのための記念論集に、ハイデガーは「思惟の諸原則」という表題をもつ論文を寄稿した。この論文の最後にハイデガーは『老子』の第二十八章の一文「其の白《はく》を知りて、其の黒《こく》を守れば、天下の式《のり》と為る」を引用する。ハイデガーはこれを「明るさを知る者は昏さを蔵す」と訳し、こう述べている。「従容として死を受けとめる思索は、真昼に星を見ようと思ったならば、井戸の底の暗闇に下りて行かなければならない」と。プラトン以来、太陽は、すべてのものを暗さのない光のなかにもたらす神的理性になぞらえられるが、星が見えだすのは、もっぱら昏さとその秘義に満ちた深みからである。ハイデガーは、すべてを明るさの中に取り入れて明晰であることを真理の基準とする西洋的思考が、まさにそのことによって忘却してしまった最古の思索の源泉を、『老子』のなかに読み込もうとしたのである。(30)

ハイデガーはヘルダーリンの「追想」と題された詩を取り上げ、そこに描かれた葡萄酒について思索を深める(GA4. S.119f.)。ヘルダーリンは葡萄酒を酒杯《さかづき》のなかの「暗い光」として語るのだが、ハイデガーはこの言葉に対しても、賢者についての老子の言葉「明るさを知る者は、昏さを蔵す」という言葉と対置する。ハイデガーはこう語る。酒杯のなかの赤いボルドー産の葡萄酒の「暗い光」は南の地方に我々を誘う。そこでは太陽が葡萄の房を大地から誘い出している。ヘルダーリンは、大地と天空から贈られてきたこの果実を、彼の北方の故郷で、絞り採られた葡萄酒のなかに味わっているのである。その葡萄酒が暗いのは、それが「玄（Geheimnis）」に由来しているからであり、この「玄之又玄」こそ大地と天空の一体性を与えているのであり、葡萄酒が光であるのは、それが〈もの〉であることによって、大地と天空を、生命に満ちた開かれた世界へ向けて解き放っているからなのである、と。「玄」から世界は顕現してくるのであり、その世界のなかに生きている人間は、それ自身が一つの光であると同時に、死すべき定めをもった存在として、「玄」の昏さのなかに包み込まれている光なのである。(31)

振り返ってみれば、西田幾多郎が語ろうとした「我々が此処に生れ、此処に働き、此処に死に行く」歴史的現実の世界のなかで出会う「物」の論理、朱熹が「一草一木一昆虫の微に至るまで各亦理有り」と主張する「物の理」、そしてそうした宋学の理念を背景に、芭蕉が『蓑虫の説・跋』に程明道の言葉「静観万物皆自得」を引用して「物の微」を説いた「物」観、そして本居宣長の「もののあはれ」における「もの」の捉え方、方以智が帰納法的探求の「質則」と区別して強調した「物を物となし、神を神となす」とする「通機」の心、これらは確かに同列には並べられないかもしれないが、少なくとも、西欧的な実体的物質観や機械的自然観に立った対象的物体観、そして現代の科学技術時代における大量生産・大量消費の渦に呑み込まれてその自足性を失ってしまった〈使い捨て物質〉とはまったく異なる「もの」観であることには変わりはない。ハイデガーは、そうした西欧的物質観を乗り越えるための道を、東アジアの思惟に見られる「もの」観に見出そうとしたのである。

注

(1) 最新版『西田幾多郎全集』第九巻、岩波書店、二〇〇四年、一〇頁
(2) 同全集、同巻、一二―一三頁
(3) 同全集、第六巻、一七一頁
(4) 同全集、第一巻、三―四頁
(5) 同全集、第六巻、二七三頁

（6）同全集、同巻、二六七頁
（7）同全集、同巻、二五八頁
（8）同全集、第九巻、五―六頁
（9）同全集、同巻、八二頁
（10）日本古典文学講座第十九巻『俳句・俳論』〔小宮豊隆・横澤三郎・尾形仂編〕（角川書店　一九七〇）二一八―二二一頁、二七九―二八〇頁、二九〇―二九二頁参照。
（11）日本思想大系28『藤原惺窩・林羅山』〔石田一良・金谷治編〕（岩波書店　一九七五年）一七五頁
（12）日本思想大系55『渡邊崋山・高野長英・佐久間象山、横井小楠、橋本左内』（岩波書店、一九七一年）一八―四二頁
（13）同書　二〇九頁
（14）Francis Bacon: *Novum organum*, in The Oxford Francis Bacon Bd.11, The Instauratio magna Part II, Novum organum and Associated Texts, edited by Graham Rees with Maria Wakely, Clarendon Press･Oxford, 2004.
（15）Vgl. Klaus Held: *Treffpunkt Platon - Philosophischer Reiseführer durch die Länder des Mittelmeers*, Philipp Reclam jun. Stuttgart, 1990, I, V-VII, XXIII.
日本語訳：K・ヘルト『地中海哲学紀行』（井上克人・國方栄二監訳、晃洋書房、一九九八年）、上巻第一章、第五章、第七章、および同書下巻、第一一章を参照。
（16）M. Heidegger: *Die Zeit des Weltbildes*, in *Holzwege*, GA.Bd.5, S.87-93
（17）M. Heidegger: *Vorträge und Aufsätze*, GA.Bd.7, S.17
（18）W. Heisenberg: *Die Naturbild der heutigen Physik*, Rowohlt, 1956, S.15f.
〔邦訳〕W・ハイゼンベルク『現代物理学の自然像』（尾崎辰之助訳）みすず書房、一九六五年、一四―一五頁
「子貢、南のかた楚に遊び、晋に反《かえ》らんとして漢陰を過ぎ、一丈人《じょうじん》の方将《まさ》に圃畦《ほけい》を為《つく》るを見る。隧《すい》を鑿《うが》ちて井《いど》に入り、甕《かめ》を抱きて出でて灌《そそ》ぐ。搰搰然《こつこつぜん》として用力《ようりき》の甚だ多きも、而も功を見ること寡《すく》なし。子貢曰わく、此《ここ》に械《かい》あり、一日に百畦《けい》を浸《ひた》す。用力甚だ寡くして、而も功を見ること多し。夫子、欲せざるかと。圃を為《つく》る者、卬《あお》（仰）ぎてこれを視て曰わく、奈何《いかん》と。曰わく、木を鑿《うが》ちて機を為《つく》り、後は重くして前は軽く、水を挈《あ》ぐること抽《なが》（流）るるが若《ごと》く、数《はや》

（速）きことは泆湯《いつとう》（蕩）の如し。其の名を槹《こう》と為《な》すと。圃を為《つく》る者、忿然《ふんぜん》として色を作すも、而も笑いて曰わく、吾れこれを吾が師より聞けり。機械ある者は必ず機事あり。機事ある者は必ず機心あり。機心、胸中に存すれば、則ち純白備わらず。純白備わらざれば、則ち神生（性）定まらず。神生（性）定まらざる者は、道の載《の》せざる所なりと。吾れは知らざるに非ざるも、羞《は》じて為さざるなりと。」（『荘子〔外編〕』（金谷治訳注）岩波文庫、二〇一三年、一二二―一二三頁）

（19）坂出祥伸「方以智―ヨーロッパと対決する「気」の哲学」（青山昌文編『比較思想―自然について―』所収、日本放送出版協会、一九九二年）および「方以智―徹底した懐疑主義的思想家」（日原利国編『中国思想史』下巻所収　ぺりかん社、一九八七年）

（20）伊東俊太郎『一語の辞典　自然』（三省堂、一九九九年所収）、六二頁参照。

（21）『羅葡日対訳辞書』（*Dictionarium Latino-Lusitanicum, ac Iaponicum,in Amacusa,* 1595）（勉誠社、一九七九年）一五九五年長崎でイエズス会の宣教師と日本人修道士によって刊行されたラテン語・ポルトガル語・日本語の対訳辞書。収録語数約三万。当時の日本語に対応語が見いだせないラテン語についても簡潔な解説が施されており、異文化・異言語接触の研究には不可欠の資料。

（22）伊東俊太郎、前掲書、八八―八九頁の解説に基づく。

（23）柳父章『翻訳の思想―「自然」とNATURE』（平凡社、一九七七年）によると、次のようにある。稲村三伯の『波留麻和解』では、natuur は「自然」のほかに、「神力にて造る」（natura naturata に相当）、「造化神」（natura naturans に相当）のほか、「性質」「形状」「自然の理」などが列挙されている。そして用法に「uit de natuur　自然ニ」「van natuure　自然ノ」が挙げられている。ところが、ハルマの蘭仏辞書をもとに天保四年（一八三三）にヘンドリック・ドゥーフ（H. Doeff, 一七七七―一八三五）らによって編纂された蘭日辞書『ヅーフ・ハルマ』には、natuur という名詞の訳語として「自然」の語はなくなり、「造物者により造られたる」「本体」「造物主の力」「造物者」「性質」などの訳語が与えられている。そして用法の中に「uit de　natuur 自然に」として「自然」が出てくるのみ。それから二五年後の安政五年（一八五八）にこの『ヅーフ・ハルマ』の増補版『和蘭字彙《じい》』が桂川甫周《ほしゅう》（一八二六―一八八一）によって上梓されるが、ここには「自然」という訳語はなく、ただ natuur の形容詞形・副詞形としての natuurlijk の項目に「自然通リノ」などの用法で「自然」という言葉が現れるだけである。

(24) 金子大栄編『親鸞著作全集　全』法蔵館、一九七四年、五八七頁

(25) 相良亨『日本人の心』東京大学出版会、一九八七年参照。また竹内整一『「おのずから」と「みずから」—日本思想の基層』春秋社、二〇一〇年、同編『「おのずから」と「みずから」のあわい—公共する世界を日本思想にさぐる』東京大学出版会、二〇一〇年も参照。

(26) 磯部忠正『「無常」の構造』講談社現代新書、一九七六年、四頁

(27) 同書、五—六頁

(28) ハイデガーの中国人びいき、『老子』の翻訳に関しては、Erinnerung an Martin Heidegger. S.102, S.122ff. の Hans A. Fischer-Barnicol および Paul Shih- Yi Hsiao の報告を参照されたい。

(29) O・ペゲラー「ハイデガーと老子（一）」（井上克人訳）（『理想』第六三四号、一九八七年、所収）一三一頁、注（2）を参照。

(30) O・ペゲラー「ハイデガーと老子（二）」（井上克人訳）（『理想』第六三五号、一九八七年、所収）一三二頁参照。

(31) 「其の雄を知りて、其の雌を守れば、天下の谿と為る。天下の谿と為れば、常の徳は離れず、嬰児に復帰す。其の白を知りて、其の黒を守れば、天下の式《のり》（法）と為る。天下の式と為れば、常の徳は忒《たが》わず、無極に復帰す。其の栄を知りて、其の辱を守れば、天下の谷と為る。天下の谷と為れば、常の徳は乃ち足り、樸《ぼく》に復帰す。」（『老子』上篇第二十八章）

なお、O・ペゲラー「ハイデガーと老子（二）」（前掲書）一三三頁参照。

本文中のハイデガーからの引用は以下のとおりである。

GA : Gesamtausgabe, Frankfurt am Main　GA のあとの数字は、全集中の巻数を示す。

【平成二十五年度～二十七年度の研究活動報告】

【刊行物】（東西学術研究所編纂のものに限る）

〔平成二十五年度〕

松浦　章『近世東アジア海域の帆船と文化交渉』（東西学術研究所研究叢刊四十四）

〔平成二十六年度〕

松浦　章『近代東アジア海域の人と船―経済交流と文化交渉―』（東西学術研究所研究叢刊四十九）

井上克人『〈時〉と〈鏡〉　超越的覆蔵性の哲学―道元・西田・大拙・ハイデガーの思索をめぐって―』（東西学術研究所研究叢刊五十）

中谷伸生『耳鳥齋アーカイヴズ―江戸時代における大坂の戯画―』（東西学術研究所資料集刊三十六）

陶　徳民『重野安繹における外交・漢文と国史―大阪大学懐徳堂文庫西村天囚旧蔵写本三種―』（編著）（東西学術研究所資料集刊三十七）

〔平成二十七年度〕

松浦　章『日本台湾統治時代のジャンク型帆船資料―中国式帆船のアーカイヴズ―』（編著）（東西学術研究所資料集刊三十八）

陶　徳民『吉田松陰と佐久間象山―開国初期の海外事情探索者たち（Ⅰ）』（編著）（東西学術研究所資料集刊三十九）

【紀要】

第四十六輯（平成二十五年度）

陶　徳民「辛亥前后熊希齢与日本的関系」

中谷伸生「扇面画の美術交渉—日本・中国からフランスへ—」

松浦　章「一八八一年三菱郵便洋船会社により上海へ輸出された日本産昆布」

桑野　梓「法隆寺僧顕真と聖徳太子勝鬘経講讃像」

第四十七輯（平成二十六年度）

陶　徳民・藤田髙夫「内藤書簡研究の新しい展開可能性について—満洲建国後の石原莞爾・羅振玉との協働を例に—」

中谷伸生「美術交渉としての日本美術史研究と東アジア」

松浦　章「朝鮮国漂着中国船の筆談記録にみる諸相」

陳　贇「『程度』—回帰借語としての可能性—」

薄　培林「近代日中知識人の異なる琉球問題認識—王韜及び彼とその日本の友人を中心に」

第四十八輯（平成二十七年度）

中谷伸生「耳鳥齋の版本における作風展開」

松浦　章「清代帆船による東アジア・東南アジア海域への人的移動と物流」

髙橋沙希「青木繁の評価をめぐって」〔研究ノート〕

【研究例会】

〔平成二十五年六月二十一日（金）〕

（１）「近世における中日商人倫理思想の相違―儒家倫理への需要と止揚を中心に」　劉金才（北京大学教授）

（２）「内観禅修与日常生活」　崔　濤（山西大学講師）

〔平成二十五年七月五日（金）〕

（１）「吉田初三郎と東アジアの汽船航路案内」　松浦　章（研究員）

（２）「晩清中央政府の法制官董康の日本監獄視察について」　孔顥（外国人招へい研究者）

〔平成二十六年七月十八日（金）〕

（１）「新出「尾崎雅嘉自筆稿本『舶来書目』」について」　山中浩之（大阪府立大学名誉教授）

（２）「日記・手紙で甦る個人と時代―アーネスト・サトウ研究ブームに思うこと―」　陶　徳民（研究員）

〔平成二十六年度　東西学術研究所　総合シンポジウム、三月二十四日（火）〕

テーマ「比較研究の過去・現在・未来―東西文化交流をめぐって―」

講演「東西比較思想の反省と課題」　井上克人（研究員）

〔平成二十七年五月十五日（金）〕

（１）「宮崎市定における近隣地域史像の変遷―東洋史からアジア史へ―」　呂　超（準研究員）

（２）「近代日本の文化人と上海（１９２３－１９４６）―堀田善衛を中心に―」

〔平成二十七年六月二十六日（金）〕

テーマ「アジアの海域をめぐる文化交渉」

徐静波（復旦大学教授・日本研究センター副所長）

（1）「一九三〇年代日本郵船会社の上海航路案内」　松浦　章（研究員）

（2）「仏山から西貢へ―清代中越交流の「書籍の路」」　李慶新（廣東省社会科学院孫中山與歴史研究所長）

【平成二十七年七月十八日（土）　ＩＣＩＳ国際シンポジウム】

テーマ「東アジア圏における伝統と近代化」

「近代日本と近代中国におけるイプセン主義の受容」　王青（中国社会科学院哲学研究所研究員・中華日本哲学会副会長）

「主従道徳と近代日本」　高橋文博（就実大学教授）

「木村蒹葭堂の文人趣味と文化交渉」　中谷伸生（研究員）

「林泰輔の中国上代研究―伝統漢学から近代中国学への展開」　藤田高夫（研究員）

「明治洋画界における青木繁」　高橋沙希（非常勤研究員）

★講演内容は、平成二十八年に上梓されたＩＣＩＳ国際シンポジウム論文集『文化交渉学のパースペクティブ』（関西大学東西学術研究所研究所研究叢刊五十二）のなかに収載された。

〔平成二十八年一月二十一日（木）〕

（1）「岡倉天心の美術史における近代と反近代―近世絵画の評価をめぐって―」　中谷伸生（研究員）

（2）「冷泉為恭筆《山越阿弥陀図》の図像学―理想郷のダブルイメージ」　日並彩乃（非常勤研究員）

（3）「青木繁筆《わだつみのいろこの宮》の構想に関して」　髙橋沙希（非常勤研究員）

【科研費による研究】

（1）藤田高夫

平成二十五年度　研究分担者　基盤研究（A）「東アジア木簡学の確立」（研究代表者：奈良大学教授　角谷常子）

平成二十六～二十七年度　研究分担者　基盤研究（A）「文字文化からみた東アジア社会の比較研究」（研究代表者：奈良大学教授　角谷常子）

平成二十五～二十七年度　研究代表者　挑戦的萌芽研究　「中国古代における軍事費定量化の試み」

（2）井上克人

平成二十五～二十七年度　研究代表者　基盤研究（B）（研究分担者：陶徳民、西本昌弘、長谷部剛）「内藤湖南のアジア観の形成と近代日中学術交流」

（3）桑野　梓

平成二十五～二十九年度　研究代表者　若手研究（B）「近世彫刻史における黄檗彫刻と中国明末清初彫刻の研究」

（4）陶　徳民

平成二十七～二十九年度　基盤研究（C）　近代日本におけるリンカーン受容の研究―新聞雑誌・公文書・電気・教科書などを素材に

【非常勤研究員】

〔平成二十五年度〕柴田就平・陳贇・薄培林

〔平成二十六年度〕髙橋沙希・陳贇・薄培林・宮嶋純子

〔平成二十七年度〕髙橋沙希・日並彩乃・宮嶋純子

【準研究員】

〔平成二十五年度〕胡珍子

〔平成二十六年度〕胡珍子・呂超

〔平成二十七年度〕呂超・辜承堯

【執筆者紹介】（執筆順）

松浦　章	研究員・関西大学	文学部教授
藤田高夫	研究員・関西大学	文学部教授
呂　超	元準研究員・山東財経大学	外国語学部講師
陶　徳民	研究員・関西大学	文学部教授
辜　承堯	準研究員・関西大学	大学院後期課程 東アジア文化研究科
日並彩乃	非常勤研究員・関西大学	非常勤講師
中谷伸生	研究員・関西大学	文学部教授
井上克人	主幹・関西大学	文学部教授

関西大学東西学術研究所研究叢書 第4号

近世近代日中文化交渉の諸相

平成29（2017）年3月15日　発行

編著者　井　上　克　人

発行者　関西大学東西学術研究所
〒564-8680　大阪府吹田市山手町3-3-35

発行所　株式会社　ユ ニ ウ ス
〒532-0012　大阪府大阪市淀川区木川東4-17-31

印刷所　株式会社　遊　文　舎
〒532-0012　大阪府大阪市淀川区木川東4-17-31

ISBN978-4-946421-52-5 C3020

Some Aspects of Cultural Interaction between Japan and China in the Early Modern and Modern Eras

Contents ……………………………………………………………………………………